got_001 Foto: rk

Rasso Knoller
Insel Gotland

„Es ist schwer, im Norden eine nettere, freundlichere und entgegenkommendere Bevölkerung anzutreffen als hier."
Carl von Linné über die Gotländer

Impressum

Rasso Knoller
Insel Gotland

erschienen im
Reise Know-How Verlag Peter Rump GmbH
Osnabrücker Str. 79, 33649 Bielefeld

3., neu bearbeitete und komplett aktualisierte Auflage 2009

Gestaltung
Umschlag: G. Pawlak, P. Rump (Layout);
J. Haida (Realisierung)
Inhalt: G. Pawlak (Layout); M. Luck (Realisierung)
Karten: C. Raisin
Fotos inkl. Titelfoto: Rasso Knoller

Lektorat: Michael Luck
Lektorat (Aktualisierung): Justine Haida

Druck und Bindung: Media Print, Paderborn

ISBN 978-3-8317-1822-1
Printed in Germany

Dieses Buch ist erhältlich in jeder Buchhandlung Deutschlands, Österreichs, der Niederlande, Belgiens und der Schweiz. Bitte informieren Sie Ihren Buchhändler über folgende Bezugsadressen:

Deutschland
Prolit GmbH, Postfach 9, D-35461 Fernwald (Annerod)
sowie alle Barsortimente
Schweiz
AVA-buch 2000, Postfach, CH-8910 Affoltern
Österreich
Mohr Morawa Buchvertrieb GmbH, Sulzengasse 2, A-1230 Wien
Niederlande, Belgien
Willems Adventure, www.willemsadventure.nl

Wer im Buchhandel trotzdem kein Glück hat,
bekommt unsere Bücher auch über unseren
Büchershop im Internet: www.reise-know-how.de

Wir freuen uns über Kritik, Kommentare und Verbesserungsvorschläge.
Alle Informationen in diesem Buch sind vom Autor mit größter Sorgfalt gesammelt und vom Lektorat des Verlages gewissenhaft bearbeitet und überprüft worden. Da inhaltliche und sachliche Fehler nicht ausgeschlossen werden können, erklärt der Verlag, dass alle Angaben im Sinne der Produkthaftung ohne Garantie erfolgen und dass Verlag wie Autor keinerlei Verantwortung und Haftung für inhaltliche und sachliche Fehler übernehmen. Die Nennung von Firmen und ihren Produkten und ihre Reihenfolge sind als Beispiel ohne Wertung gegenüber anderen anzusehen. Qualitäts- und Quantitätsangaben sind rein subjektive Einschätzungen des Autors und dienen keinesfalls der Bewerbung von Firmen oder Produkten.

got_004 Foto: rk

Reise Know-How im Internet

Aktuelle Reisetipps und Neuigkeiten
Ergänzungen nach Redaktionsschluss
Büchershop und Sonderangebote

www.reise-know-how.de
info@reise-know-how.de

Wir freuen uns über Anregungen und Kritik.

Vorwort

Gotland? Was? Wo fährst du hin? Deutsche Touristen, die ihren Urlaub auf der schwedischen Insel verbringen, müssen auf solche Fragen gefasst sein. Gotland ist zwar das **beliebteste Reiseziel der Schweden,** bei uns aber immer noch ein Geheimtipp. Das ist einerseits schade, denn die Insel hat viel zu bieten: eine lange, interessante Geschichte, unberührte Natur, lange und meist menschenleere Strände, das beste Klima Schwedens, unendliche Möglichkeiten für Sportler und mit Visby sicherlich eine der schönsten Städte Europas. Andererseits ist es aber auch gut, dass Gotland eine vom Massentourismus unberührte Insel ist, denn all die beschriebenen Vorzüge sind wahrscheinlich nur so lange solche, wie die Insel von Menschenmassen verschont bleibt. Doch diese Gefahr besteht noch lange nicht. Außerhalb der Saison – die wegen der schwedischen Ferienregelung und den Urlaubsgewohnheiten eigentlich nur aus dem Monat Juli besteht – braucht man die Schönheiten der Insel nur mit wenigen anderen teilen.

Gotland ist **gerade für deutsche Touristen interessant,** denn die Geschichte spinnt ein enges Band zwischen beiden Ländern. Während der Hansezeit war mehr als die Hälfte der Einwohner Visbys deutsch, und Händler aus Lübeck, Hamburg, Stralsund, Rostock und anderen deutschen Städten hatten hier ihre Niederlassungen.

Gotland war bisher selbst für Schweden-Fans ein Reiseziel am „Ende der Welt", denn mit dem Flugzeug war die Anreise so teuer, dass es sich kaum jemand leisten konnte, und mit dem Schiff dauerte es zu lange. Inzwischen sind die Flugpreise dramatisch gesunken, und Schnellfähren vom Festland verkürzen die Anreisezeit. Gotland ist also günstig und schnell zu erreichen, es gibt keinen Grund mehr, auf den Besuch dieser lange verborgenen Perle Schwedens zu verzichten.

Välkommen!

Hinweise zur Benutzung

Das vorliegende Buch gibt zunächst Hinweise zur **Reisevorbereitung** und zum **Verhalten auf der Insel** und setzt sich dann ausführlich mit **Kultur und Geschichte** der Insel auseinander. Anschließend wird im Hauptteil das Reiseziel Gotland mit allen seinen Sehenswürdigkeiten vorgestellt. Die jeweiligen **Ortsbeschreibungen** sind nach Regionen unterteilt und beinhalten Hinweise zu Hotels, Restaurants und der sonstigen Infrastruktur.

Alle **Telefonnummern** wurden so angegeben, wie sie von Schweden aus verwendet würden, also Ortsvorwahl und daran anschließend die Telefonnummer. Wenn Sie aus Deutschland in Gotland anrufen wollen, müssen Sie, nachdem Sie die Doppelnull für ein Auslandsgespräch gewählt haben, die Landesvorwahl für Schweden anfügen – also die 46 – und dann die jeweilige im Buch angegebene Telefonnummer unter Auslassung der ersten Null wählen.

Um dem Leser die Suche nach weiteren Informationen zu erleichtern, wurden im Buch möglichst viele **Internet-Adressen** angegeben. Wenn möglich, wurde dabei auf eine deutsch- oder englischsprachige Seite hingewiesen. Oft sind jedoch nur schwedischsprachige Informationen verfügbar. Trotzdem wurden auch solche Seiten aufgenommen, da aktuelle Preis- und Adressinfos auch dem fremdsprachlichen Text zu entnehmen sind.

Das **schwedische Alphabet** kennt die Sonderbuchstaben å, ä, ö – sie werden bei alphabetischen Aufstellungen (Telefonbuch, Straßenverzeichnis etc.) immer am Ende aufgeführt. Aus Gründen der Übersichtlichkeit schließt sich dieser Reiseführer den schwedischen Gepflogenheiten nicht an und führt das ä und ö wie bei uns üblich im Adressteil unter a und o auf. Das å wird ebenfalls in allen Listen dieses Buches unter a geführt. Bedenken Sie jedoch, dass dies in schwedischen Verzeichnissen nicht der Fall ist!

Grundsätzliches vor der Reise

Gotland ist Teil Schwedens. Obwohl Schweden zur Europäischen Union gehört, wird dort nach wie vor mit **Schwedischen Kronen** und nicht mit Euro bezahlt. Um beim ersten Einkauf nicht in Zahlungsschwierigkeiten zu kommen, empfiehlt es sich daher, einen gewissen Betrag bereits vor der Reise bzw. während der Anreise auf dem Fährschiff zu wechseln. Nicht vergessen darf man auch den **Personalausweis,** denn trotz der theoretisch „offenen Grenzen" in Europa wird er bei der Einreise manchmal kontrolliert.

Gotland im Überblick

- **Einwohnerzahl:** 57.100
- **Größe:** 3140 Quadratkilometer
- **Bevölkerungsdichte:** 18,4 Einwohner pro km² (zum Vergleich: Schweden: 22 Ew./km²)
- **Hauptstadt (und größte Stadt): Visby,** 22.600 Einwohner
- **Länge** (Nord-Süd-Ausdehnung): ca. 125 Kilometer
- **Breite** (West-Ost-Ausdehnung): ca. 50 Kilometer
- **Küstenlänge:** ca. 800 Kilometer
- **Größter See:** Bästeträsk, 6,3 Quadratkilometer
- **Längster Fluss:** Gothemsån, ca. 55 Kilometer
- **Höchste Erhebung:** Lojsta Hed, 82 Meter

Hinweis: Die **Internet- und E-Mail-Adressen** im Buch können – bedingt durch den Zeilenumbruch – so getrennt werden, dass ein Trennstrich erscheint, der nicht zur Adresse gehören muss (z.B. www.travel-med.de statt www.travelmed.de)!

Inhalt

Reisetipps A–Z

unter Mitarbeit
von *Elfi H. M. Gilissen*

Land und Natur

Staat und Gesellschaft

Die Menschen

Kunst und Kultur

Sehenswürdigkeiten
Gotska Sandö
Fårö
Dünengebiet Ullahau
Hallshuk
Bläse-Museum
Fleringe
Fårösund
Ryssnäs
Kappelshamn
Bunge
Freilichtmuseum
Rauk Jungfrun
Hangvar
Kirchenruine Gann
Kirchenruine Elinghem
Lärbro
Lummelunda
Othem
Hellvi
Martebo
Malms, Kyllaj Raukgebiet Museum
Lummelunda-Grotte
Tingstäde
Slite
Väskinde
Boge
Villa Muramaris
Bro
Bäl
Visby
Hejdeby
Tjelvars Grab
Freizeitpark
Aussichtspunkt Högklint
Follingbo
Ekeby
Källunge
Vibble
Museumseisenbahn
Gothem
Träkumla
Schiffssetzung Gnisvärd
Roma
Dalhem
Freilichtmuseum
Tofta
Björke
Klosterruine
Wikingerdorf
Sjonhem
Anga
Västergarn
Väte
Vänge
Kräklingbo
Sanda
Guldrupe
Östergarn
Hejde
Torsburg
Klintehamn
Buttle
Kirchenruine Ardre
Schiffssetzung Gannarve
Lojsta slott
Etelhem
Alskog
Ljugarn
Garde
Museen
Fröjel
Levide
Lojsta
Tierpark
Linde
Lye
Lau
Sproge
Fardhem
Burs
Hemse
Naturschutzgebiet
Silte
Alva
Ronehamn
Petesgården
Eke
Hablingbo
Havdhem
Grabhügel Uggårde rojr
Grötlingbo
Näs
Museumshof Kattlunds
Windkraftanlage
Fide
Burgsvik
Öja
Museumshof Bottarvegården
Vamlingbo
Hamra
Sundre
Hoburgsgubben
0
20 km

Karten und Pläne

Auf die jeweils passende Karte wird in den Kopfzeilen verwiesen.

Exkurse

Die Nordwestküste

Die Südostküste

Die Nordostküste

Der äußerste Norden, Fårö und Gotska Sandön

Das Landesinnere

Anhang

got_014 Foto: rk

Reisetipps A–Z

Als Gast in Schweden – einige Verhaltenstipps

Du

In Schweden wird jeder geduzt – einzige Ausnahme sind Mitglieder des Königshauses, aber denen werden Sie wahrscheinlich kaum begegnen. Das führt dazu, dass viele Schweden, die Deutsch sprechen, ihren Gesprächspartner auch in der Fremdsprache duzen. Das hat nichts mit ungebührlicher Distanzüberschreitung zu tun, sondern beruht lediglich auf unterschiedlichen Sprachgewohnheiten. Wenn Sie bemerken, dass Ihr Deutsch sprechender schwedischer Gesprächspartner Sie duzt, steigen Sie einfach darauf ein, das erleichtert ihm und Ihnen die Kommunikation.

Danke – tack!

Freundlichkeit ist Trumpf in Schweden. Man bedankt sich für alles, wirklich alles. Selbst derjenige, der einem anderen etwas gibt, bedankt sich dafür, dass es der andere annimmt. Deswegen lautet das wichtigste schwedische Wort, das jeder Tourist beherrschen muss: *tack!* Auch wenn Sie von einer schwedischen Familie eingeladen werden, sollten Sie sich zum Abschied ausgiebig bedanken. Aber das allein reicht noch nicht. Als guter Gast werden Sie sich bei Ihrem Gastgeber das nächste Mal, wenn sie ihn sehen, mit einem *Tack för senast* – Danke für das letzte Mal – nochmals bedanken. Wenn Sie den Gastgeber auf absehbare Zeit wahrscheinlich nicht wieder treffen werden, ist zwei oder drei Tage nach der Einladung der Griff zum Telefonhörer fällig.

Nummerlapp

Sie stehen beim Bäcker und kommen nicht dran, warten auf der Post ewig lang, und beim Geldwechsel auf der Bank ziehen auch alle an ihnen vorbei? Dann haben Sie wahrscheinlich noch nie etwas vom Nummerlapp gehört. Wenn man einen Laden betritt, zieht man aus einem kleinen Kästchen einen Zettel, auf dem eine Nummer steht. Irgendwo im Raum hängt eine Anzeigentafel, die die Nummer anzeigt, die gerade bedient wird. Und wenn die eigene Nummer aufleuchtet, ist man dran. Der Nummerlapp ist eine skandinavische Erfindung und verhindert, dass sich irgendein hinterhältiger Zeitgenosse an einer Schlange vorbei nach vorne drängeln kann.

Kleidung

Die Schweden sind zwar ein ziemlich formloses Völkchen, doch wenn man abends ausgeht, putzt man sich gerne etwas heraus. Demzufolge sollte man als Tourist auch darauf gefasst sein, dass manches Lokal einen „Dresscode" hat und entsprechende Kleidung verlangt.

Alkohol

Hochprozentiges ist in Schweden sehr teuer und zudem **nur in speziellen Alkoholgeschäften** (swe. **Systembolaget**) zu kaufen. Bier mit einem Alkoholgehalt von weniger als 3,5 Gewichtsprozent gibt es auch in Lebensmittelläden (Mindestalter für Alkoholkauf 20 Jahre!). Bevor man ein Bier oder ein Glas Wein im Restaurant bestellt, sollte man einen Blick auf die Getränkekarte werfen – mit Preisen von mindestens 5 Euro für ein großes Bier und 6–8 Euro für ein Glas Wein muss man rechnen. Wenn Sie im Restaurant trotz der hohen Preise Alkoholisches zu sich nehmen wollen, müssen Sie darauf achten, dass das Lokal Ihrer Wahl auch das Recht zum Alkoholausschank hat – das ist nicht immer selbstverständlich. In der Öffentlichkeit sollte man sich mit dem Trinken alkoholischer Getränke zurückhalten, denn ansonsten gerät man leicht in den Ruf, Alkoholiker zu sein (vgl. zur Thematik auch den entsprechenden Exkurs).

Trinkgeld

Trinkgeld wird in Schweden kaum gegeben. Lediglich Taxifahrer erwarten einen Aufschlag von etwa 10 Prozent des Rechnungsbetrags.

An- und Rückreise

Mit dem Pkw

Küste oder Landesinneres

Wer mit dem eigenen Wagen nach Gotland fahren will, für den bieten sich **zwei Hauptstrecken** an: Entweder man wählt den Weg entlang der schwedischen Küste über Trelleborg, Ystad, Karlsham, Karlskrona, Kalmar bis zum Fährhafen Oskarshamn, oder man legt die Strecke dorthin durchs Landesinnere über Helsingborg, Ljungby und Växjö zurück. Der erste Weg dauert etwas länger, ist landschaftlich aber wesentlich schöner, der zweite empfiehlt sich für Reisende, die möglichst schnell nach Gotland gelangen wollen.

Die Antwort auf die Frage, wie man am besten nach Schweden kommt, hängt natürlich vom eigenen Wohnort ab. Einerseits ist die **Anfahrt über**

got_018 Foto: rk

Dänemark via Öresund-Brücke möglich. Die Überfahrt über die Brücke ist mautpflichtig. Pkw bis zu 6 Meter Länge zahlen 38 Euro einfach, Wohnmobile bzw. Pkw mit Anhänger 75 Euro. Die Mautstelle liegt auf der schwedischen Seite der Brücke. Zahlen kann man in bar (auch Euro, US-Dollar) oder mit allen gängigen Kreditkarten. Für Autofahrer, die die Brücke öfter passieren, lohnen sich Mehrfahrtenkarten (ab zehn Passagen); nähere Infos: www.oresundsbron.com.

Man kann auch **mit der Fähre von deutschen Ostseehäfen** an die schwedische Südküste übersetzen. Im Einzelnen verkehren folgende Fährlinien:

Fähren ab Deutschland

Scandlines verbindet Rostock und Sassnitz/Mukran drei- bis fünfmal täglich mit Trelleborg. Die Preise für die Überfahrt im Pkw inkl. aller Insassen schwanken zwischen 109 und 175 Euro pro Stre-

Fährschiff im Hafen von Visby

cke. **TT-Line** verkehrt zwischen Travemünde bzw. Rostock und Trelleborg mit bis zu sieben Überfahrten pro Tag. Das Ticket für einen Pkw + alle Insassen kostet hier zwischen 95 und 185 Euro pro Strecke. Wer über Kiel anreisen will, kann dies mit **Stena Line** tun, die von hier einmal täglich nach Göteborg fährt. Die Überfahrt dauert ca. 14 Stunden. Die Buchung einer Kabine oder eines Einzelbettes in einer Kabine ist erforderlich. Die Preise für die Überfahrt beginnen für den Pkw + eine Person je nach Buchungsklasse bei 150–300 Euro. Stena Line arbeitet wie Fluglinien mit einem flexiblen Preissystem, sodass die Preise von Tag zu Tag variieren.

Buchung

- Auf Fährbuchungen spezialisiert ist **www.richtig-schiffen.de,** Tel. (0351) 8626280 oder 01805 RICHTIG SCHIFFEN, E-Mail: info@richtig-schiffen.de.

Buchungen sind auch direkt bei den **Schifffahrtslinien** möglich:

- **Scandlines,** www.scandlines.de
- **TT-Line,** www.TTLine.com.
- **Stena Line,** www.stenaline.com

Fähren ab Schweden

Mehrmals täglich verkehren von Oskarshamn und Nynäshamn Schnellfähren in Richtung Visby, auf denen man in 2½–3½ Stunden Gotland erreicht. Die Preise für die Überfahrt liegen je nach Saison und Art der Fährpassage zwischen 188 und 489 SEK pro Person und 198 und 469 SEK pro Fahrzeug. Bei Buchung im Internet wird ein Preisnachlass von 5% gewährt (www.destinationgotland.se). Vom Hafen Nynäshamn besteht nach Ankunft jeder Fähre eine Direktbusverbindung nach Stockholm. Die Fahrtdauer bis zur Endstation am Cityterminalen beträgt zirka 1 Stunde. Von dort fährt auch 1 Stunde 45 Minuten vor Abgang jeder Fähre ein Bus nach Nynäshamn ab. Im Sommer besteht auch eine Fährverbindung zwischen Grankullavik auf Öland und Visby.

Buchung

- Weitere Infos bei **Destination Gotland** im Internet unter www.destinationgotland.se, Tel. (0771) 223300.
- In Stockholm kann man die Fährtickets direkt bei **Gotland City** in der Kungsgatan 57 buchen. Dort erhält man auch generelle Informationen über die Ferieninsel Gotland.

Mit dem Zug

Anreise mit Zwischenstopp

Die Anreise mit dem Zug in einem Rutsch ist aus den meisten Regionen nicht möglich. Mit einer geplanten Fahrtunterbrechung in Kopenhagen, Malmö, Stockholm oder einem der vielen reizvollen Orte in Südschweden lässt sich Gotland jedoch auch mit der Eisenbahn sehr gut erreichen. **Kopenhagen** wird **von Hamburg** aus mit mehreren Eurocity-Tagverbindungen angefahren. Über Nacht erreicht man die dänische Hauptstadt in direkten Zügen **aus den Richtungen Basel, München und Köln.**

Von Berlin gibt es im Sommer einen täglichen Nachtzug direkt **nach Malmö,** www.berlin-night.express.com.

Von Kopenhagen oder Malmö muss die Weiterfahrt dann sehr früh am nächsten Tag nach Oskarshamn erfolgen, damit noch ein Schiff nach Gotland erreicht wird. Alternativ dazu legt man die Unterbrechung in Stockholm ein und nimmt von dort eines der Schiffe.

Für die Nachtzüge empfiehlt sich **frühzeitige Buchung** – auch wegen der dann oft sehr attraktiven Preise. Gleiches gilt für innerschwedische Fernzüge, deren Preise sehr stark mit dem Buchungsdatum zusammenhängen.

Buchung

- Wer sich nicht selbst durch den Dschungel der Bahntarife und Fahrpläne schlagen und trotzdem Geld sparen will, erhält bei folgendem spezialisierten Bahn-Reisebüro kompetente Beratung – und auf Wunsch die Tickets ins Haus geschickt: **www.gleisnost.de** oder in den Freiburger Niederlassungen Gleisnost am Stadttheater, Bertoldstr. 44, 79098 Freiburg, Tel. (0761) 383031, und Gleisnost im Bahnhof Littenweiler, Lindenmattenstr. 18, 79117 Freiburg, Tel. (0761) 62037.

Mit dem Bus

Eurolines-Busse (www.eurolines.com und www.deutsche-touring.com) fahren von vielen deutschen Städten, wie z.B. Hamburg bzw. Berlin nach Stockholm. Von dort kann man dann mit der Bahn oder dem Bus zum Fährhafen in Nynäshamn weiterfahren. Fürs Rückfahrtticket Berlin – Stockholm muss man mit 141 Euro rechnen.

Mit dem Flugzeug

Keine Direktflüge

Zurzeit entscheiden sich nur die wenigsten Touristen für die Anreise mit dem Flugzeug. Dies mag einerseits daran liegen, dass es Direktflüge von Deutschland nach Visby nur in den Sommermonaten und nur von Hamburg aus gibt (mit Gotlandsflyg), andererseits glauben viele immer noch, dass die Anreise mit dem Flugzeug teurer sei als mit dem Pkw. Dies trifft sicherlich dann zu, wenn man mit einer der großen Fluglinien nach Stockholm Arlanda bzw. Bromma fliegt und von dort weiter nach Visby.

Seit einigen Jahren fliegt aber auch **Ryan Air** von Frankfurt/Hahn, Düsseldorf/Weeze, Bremen, Karlsruhe, Berlin und Lübeck **nach Nyköping Skavsta.** Im Sommer auch 2x wöchentlich von Rostock. Wer rechtzeitig bucht, kann dann schon für knapp 20 Euro (einfache Strecke zzgl. Steuer und Flughafengebühr) in Richtung Norden unterwegs sein. Doch auch der Normaltarif ist mit zirka 80 Euro erschwinglich. Von Stockholm/Bromma kann man bequem mit den kleinen Maschinen

Buchtipps:
- Frank Littek, **Fliegen ohne Angst**
- Erich Witschi, **Clever buchen – besser fliegen**

(beide Bände Reise Know-How Praxis)

von **Gotlandsflyg** nach Visby weiterfliegen. Die Preise für den einfachen Flug variieren je nach Abflugzeit und Buchungsbedingungen zwischen 195 und 995 Kronen (jeweils zzgl. 100 Kronen Flughafengebühr). Im günstigsten Fall kann man also für weit weniger als 100 Euro von Deutschland nach Gotland fliegen.

Germanwings fliegt von Köln/Bonn und Berlin-Schönefeld nach Stockholm/Arlanda. **Air Berlin** startet von vielen deutschen Städten sowie von Zürich und Wien über Berlin-Tegel, **BudgetAir** von Amsterdam. SAS (Scandinavian Airlines) und Lufthansa verbinden direkt oder mit Umsteigen die meisten großen deutschen Flughäfen mit Stockholm/Arlanda.

Die **Preise** bei den Billigfliegern variieren stark. Manchmal bekommt man den Flug „geschenkt", manchmal werden bis zu 100 Euro fällig.

Von **Stockholm Arlanda** und Bromma kann man bis zu zehnmal täglich mit **Skyways** nach Visby weiterfliegen. Diese Fluglinie unterhält ebenso wie Gotlandsflyg zudem regelmäßige Flugverbindungen von Stockholm Bromma nach Visby (Preise ab 550 SEK).

Die Anschlüsse mit öffentlichen Verkehrsmitteln zu den Flughäfen Skavsta, Bromma und Arlanda sind ausgezeichnet, zum Flughafen Visby verkehrt aber kein Bus. Die Taxianbieter in Gotland „hören" auf die beiden folgenden Nummern: 200200 bzw. 444444. Eine Autoanmietung am Flughafen ist ebenfalls möglich.

Buchung

- **Gotlandsflyg,** Buchung unter www.gotlandsflyg.se
- **Skyways,** Buchung unter www.skyways.se
- **Ryan Air,** Buchung unter www.ryanair.com
- **Tuifly,** Buchung unter www.tuifly.com
- **Germanwings,** Buchung unter www.germanwings.com
- **Air Berlin,** Buchung unter www.airberlin.com
- **BudgetAir,** Buchung unter www.budgetair.nl (dahinter verbergen sich Restkontingente der SAS)
- **Lufthansa,** www.lufthansa.de
- **SAS,** www.flysas.de

Ausrüstung und Kleidung, bzw. was mitnehmen?

Im Prinzip kann man auch ohne Koffer nach Schweden fahren, denn alles, was man benötigt, bekommt man auch dort. Einiges ist in Schweden allerdings teurer als hierzulande. Ob man sein Auto vor der Abreise von oben bis unten mit Speisen aus dem deutschen Supermarkt vollladen will, muss jeder für sich beantworten.

Alkohol

Was sich aber bestimmt lohnt, ist die Mitnahme von alkoholischen Getränken und Fotomaterial, denn beides ist in Schweden sehr teuer. Seit Schweden der EU angeschlossen ist, bestehen die strengen Einfuhrbeschränkungen für Alkohol nicht mehr. Inzwischen darf man Alkohol zum persönlichen Bedarf einzuführen. Eine kleine Einschränkung besteht aber, was das Alter angeht, denn Alkohol darf nur von Personen eingeführt werden, die das 20. Lebensjahr vollendet haben. Reisende aus der Schweiz haben es da schlechter, sie dürfen nur 1 Liter Schnaps oder (nicht und!) 2 Liter Likör, 2 Liter Wein und 32 Liter Bier einführen.

Kleidung

Besondere Bekleidungsvorschriften braucht man in Gotland nicht zu beachten. Auch im Sommer sollte man einen leichten Pullover für den Abend und eine Regenjacke im Gepäck haben. Da man in Schweden generell etwas „feiner" gekleidet ausgeht als in Deutschland, sollten potenzielle Discogänger auch ein Sakko einpacken.

Diplomatische Vertretungen

Die Botschaften Deutschlands, der Schweiz und Österreichs residieren in Stockholm, in Visby gibt es ein deutsches Konsulat.

- **Deutsche Botschaft**
Artillerigatan 64, Stockholm, Tel. (08) 6701500, oder in dringenden Notfällen außerhalb der Öffnungszeiten auch unter Tel. (070) 8529420
- **Deutsches Konsulat**
c/o Gotlandskandemin AB, Hamngatan 3, Visby, Tel. (0498) 276480
- **Schweizer Botschaft**
Valhallavägen 64, Stockholm, Tel. (08) 6767900
- **Österreichische Botschaft**
Kommandörsgatan 35/V, Stockholm, Tel. (08) 6651770

Einkäufe

Auf Gotland arbeiten viele Künstler und Kunsthandwerker, deswegen kann man von der Insel auch **originelle und wertvolle Andenken** mit nach Hause nehmen. In Visby lädt eine ganze Reihe von Galerien zum Bummeln ein, und auch auf dem Land weisen immer wieder Schilder auf Kunstgalerien hin. Skulpturen, Bilder, Fotografien, Arbeiten aus Holz, Stein oder Metall – wer sich für Kunst interessiert, findet in Gotland sicher ein passendes Objekt.

Kunsthandwerk

Schafe spielen eine große Rolle in Gotland, das erkennt man schon daran, dass in Visby Fahrthindernisse und Poller nicht einfach einfallslose Betonklötze sind, sondern „Skulpturen", die einen **Widder** darstellen. Wenn Sie diesen Widder im Laufe Ihres Urlaubs lieb gewinnen und mit nach Hause nehmen wollen, so geht das ganz leicht. Natürlich nicht in der Originalgröße, sondern als kleine Nachbildung, die man u.a. bei Akantus am

Heiße Diskussionen über scharfe Sachen – die schwedische Alkoholpolitik

Wollen Sie die sonst so ruhigen Gemüter der Schweden so richtig in Wallung bringen, so sprechen Sie mit ihnen über Alkohol. Wie in den Nachbarländern Norwegen und Finnland hat man auch in Schweden zu Hochprozentigem ein ganz besonderes – etwas gestörtes – Verhältnis.

Während des gesamten 20. Jahrhunderts war die Alkoholfrage ein politisch kontrovers diskutiertes Thema. Schon 1922 war über ein eventuelles Verbot des Alkoholverkaufs abgestimmt worden. Nur mit einer hauchdünnen Mehrheit von 51 Prozent wurde ein solches damals abgelehnt. Statt dessen musste jeder Schwede beim Alkoholkauf von nun an ein Einkaufsbuch vorlegen, in dem eingetragen wurde, wie viel und welche Art von Alkohol er erwarb. Damit wurde sichergestellt, dass niemand zu viel von dem Teufelszeug kaufte. Erst 1955 wurde das nach seinem Erfinder benannte **Bratt-Buch** abgeschafft. Dafür stiegen aber die Preise – nach und nach wurde immer fester an der Steuerschraube gedreht, und im steten Wechsel mit Finnland und Norwegen stand Schweden in der Statistik an der Spitze der Länder, in denen Alkohol am teuersten ist. Ursprünglich diente die **hohe Steuer** allein als „erzieherische" Maßnahme, inzwischen hat sich der Staat von diesen Einkünften, die sieben Prozent der gesamten Steuereinnahmen ausmachen, so abhängig gemacht, dass ihm an einem Rückgang des Alkoholkonsums gar nicht gelegen sein kann. Wegen der hohen Preise ist die – natürlich illegale – Schwarzbrennerei auf dem Lande weit verbreitet. **„Hembränd"**, der Selbstgebrannte, ist bekannt für seinen hohen Alkoholgehalt und manchmal berüchtigt wegen seiner schlechten Qualität.

Mit 18 Jahren kann man in Schweden zwar Ministerpräsident werden, eine Flasche Wein kaufen darf man deswegen noch lange nicht. Dazu muss man **20 Jahre alt** sein. Erst seit 1977 ist es nicht mehr strafbar, betrunken in der Öffentlichkeit aufzutreten. Bis dahin konnte – theoretisch – jeder berauschte Festgast auf dem Heimweg festgenommen werden.

Die restriktive schwedische Alkoholpolitik geht bis ins 19. Jahrhundert zurück. Damals wurden im ganzen Land **Abstinenzlervereine** (swe. *nykterhetsrörelsen*), die den Missbrauch von Branntwein bekämpften, gegründet. Sowohl von der Kirche als auch von den Gewerkschaften wurde der Alkoholmissbrauch und später schon der Alkoholgenuss verteufelt. Auch im 20. Jahrhundert haben die Anhänger der nykterhetsrörelsen noch großen Einfluss. 1977 musste auf ihren Druck hin der Verkauf von mittelstarkem Bier in Lebensmittelgeschäften eingestellt werden.

Ein **Trinkverhalten,** wie man es in Mitteleuropa als normal erachtet, konnte sich unter diesen Bedingungen nie entwickeln. Ein Glas Wein oder Bier zum Mittagessen ist in Schweden verpönt, wenn dann am Wochenende aber getrunken wird, dann meist richtig. Wegen dieser Trinkgewohnheiten, dem extremen Wochenend- und Festsaufen, erscheint Schweden auch als ein Land mit überdurchschnittlich vielen Alkoholikern. Wer am Samstagabend durch Stockholm streift oder mit der Freitagnachtfähre nach Finnland übersetzt, wird als „Schwedenneuling" beim Anblick der vielen Alkoholleichen aus dem verwunderten Kopfschütteln nicht mehr herauskommen. Aber der da gewonnene Eindruck ist völlig falsch. Betrachtet man den absoluten Alkoholverbrauch pro Jahr, liegt Schweden statistisch gesehen weit hinter Deutschland – bei einem Vergleich von 37 Ländern rangierten die nüchternen Schweden auf dem 30. Platz.

Inzwischen hat man auch bei der schwedischen Regierung die Schwachstellen der eigenen Alkoholpolitik erkannt. Seit einigen Jahren werden die Steuern für niedrigprozentigen Alkohol gesenkt, die für hochprozentigen aber angehoben. Eine völlige Abkehr vom skandinavischen Sonderweg gibt es deswegen noch lange nicht: Alkohol kann man auch heute nur in speziellen **staatlichen Verkaufsläden – Systembolaget** – kaufen.

got_026 Foto: rk

St. Hansplan in Visby kaufen kann. Schafe spielen auch als Wolllieferanten eine Rolle, deswegen sind **Pullover** ein beliebtes Mitbringsel.

Wein aus dem Norden

Ein originelles Souvenir ist sicher auch eine Flasche gotländischer Wein. Geschmacklich hat so mancher „Franzose" natürlich mehr zu bieten, aber wer kann schon von sich behaupten, eine Flasche vom wahrscheinlich nördlichsten Weingut der Welt zu besitzen? Seit einigen Jahren produziert ein Nachkomme finnischer Einwanderer in Hablingbo Wein. Allerdings kann man den Wein nicht direkt im Weingut kaufen, sondern wegen der schwedischen Alkoholgesetze nur in den staatlichen Alkoholgeschäften, Systembolaget.

Auf der Suche nach dem passenden Motiv

Einreisebestimmungen

Personalausweis bzw. Pass

Für die Einreise nach Schweden genügt für Deutsche, Österreicher und Schweizer bei einem **Aufenthalt bis zu drei Monaten** der Personalausweis bzw. Reisepass. Wer als Tourist länger als drei Monate im Land bleibt, bräuchte theoretisch eine Aufenthaltsgenehmigung, da aber weder Ein- noch Ausreisedatum festgehalten werden, können Sie unbesorgt längere Reisen ohne besondere Aufenthaltsgenehmigung unternehmen.

Bürger von Nicht-EU-Staaten (außer Schweizer, s.o.) müssen grundsätzlich ein **Visum** bei der entsprechenden Botschaft des Königreichs Schweden und bei einer Anreise über Land auch für alle Durchreiseländer beantragen. Die Anschriften erfährt man hier:

- **Deutschland:** www.auswaertiges-amt.de (Länder- und Reiseinformationen), Tel. (030) 5000-0, Fax 5000-3402
- **Österreich:** www.bmaa.gv.at (Bürgerservice), Tel. (05) 01150-4411, Fax (05) 01159-0
- **Schweiz:** www.eda.admin.ch (Vertretungen), Tel. (031) 3238484

Zollbestimmungen

In allen EU- und EFTA-Mitgliedsstaaten gelten weiterhin **nationale Ein-, Aus- oder Durchfuhrbeschränkungen,** z.B. für Tiere, Pflanzen, Waffen, starke Medikamente, Drogen und auch für Cannabis-Besitz und -Handel. **Zollfrei einführen** darf man persönliches, gebrauchtes Reisegut, Reiseproviant sowie alkoholfreie Getränke. Für die steuerfreie Mitnahme von Alkohol, Tabak, Kaffee u.a. bestehen keine Grenzen. Bei Überschreiten bestimmter Richtwerte muss allerdings nachgewiesen werden, dass keine gewerbliche Verwendung beabsichtigt ist.

Hinweis: Da sich die **Einreisebedingungen kurzfristig ändern** können, raten wir, sich kurz vor der Abreise beim Auswärtigen Amt (www.auswaertiges-amt.de bzw. www. bmaa.gv.at oder www.dfae.admin.ch) oder der jeweiligen Botschaft zu informieren.

Richtwerte für EU-Bürger:
- **Alkohol:** 90 Liter Wein (davon max. 60 Liter Schaumwein), 110 Liter Bier, 10 Liter Spirituosen über 22% Vol. und 20 Liter unter 22% Vol.
- **Tabakwaren:** 800 Zigaretten, 400 Zigarillos, 200 Zigarren, 1 kg Tabak.
- **Anderes:** 10 kg Kaffee.

Für Schweizer gelten folgende Freigrenzen:
- **Tabakwaren:** 200 Zigaretten oder 100 Zigarillos oder 50 Zigarren oder 250 g Tabak oder eine anteilige Zusammenstellung dieser Waren.
- **Alkohol:** 1 Liter Spirituosen (über 22% Vol.) oder 2 Liter Spirituosen, Aperitifs oder ähnliche Getränke (22% oder weniger) oder 2 Liter Schaumweine oder Likörweine oder eine anteilige Zusammenstellung dieser Waren und 2 Liter nicht schäumende Weine.
- **Parfüms:** 50 g, Eau de Toilette: 0,25 Liter.
- **Andere Waren:** bis zu einem Warenwert von insgesamt 175 Euro, ausgenommen davon sind Goldlegierungen und Goldplattierungen in unbearbeitetem Zustand oder als Halbfabrikat.

Auch bei der Rückeinreise in die Schweiz sollten Schweizer folgende Freimengen beachten:

- **Alkohol:** 2 Liter bis 15% Vol. und 1 Liter über 15% Vol.
- **Tabakwaren:** 200 Zigaretten oder 50 Zigarren oder 250 g Pfeifentabak.
- **Nahrungsmittel:** 3,5 kg Fleisch, 1 Liter/kg Butter/Rahm, 5 Liter/kg Käse und andere Milchprodukte.
- **Anderes:** neu angeschaffte Waren für den Privatgebrauch bis zu einem Gesamtwert von 300 SFr.

Elektrizität

220 Volt

Es gibt keine Probleme bei der Benutzung von mitgebrachten Geräten.

Das Café Rosas in Visby

got_029 Foto: rk

Essen und Trinken

Teuer

Wer in Gotland essen gehen will, sollte sich auf ein Preisniveau gefasst machen, das über dem deutschen liegt. Eine einfache Pizza ist kaum unter 10 Euro zu haben, ein Hauptgericht im Restaurant kostet gut das doppelte, und für ein Bier sind mindestens 5 Euro fällig. Für ein Glas Wein muss man sogar noch etwas mehr kalkulieren. Allerdings wird durchweg gute Qualität geboten, wenn auch in „normalen" Restaurants oft etwas einfallslos gekocht wird. Ohnehin ist Schweden nicht gerade für seine ausgesucht feine Küche bekannt. Trotzdem hat das Land einige Leckereien zu bieten.

Smörgåsbord

Wahrscheinlich schon auf der Anfahrt auf dem Schiff haben Sie das schwedische *smörgåsbord* kennen gelernt, den riesigen **Selbstbedienungstisch** mit vielen leckeren kalten und warmen Gerichten. Seinen Ursprung hat das *smörgåsbord* in der Tradition der Bauernfeste, als das ganze Dorf zusammengekommen ist und jeder Gast eine oder zwei Mahlzeiten zum Fest mitbrachte. Dann baute man das Ganze auf einem Tisch auf, und los ging die Schlemmerei. Der richtige smörgåsbord-Spezialist schlemmt übrigens nach System. Es wird nicht einfach aufgepackt, was gefällt, sondern man beginnt mit den Fischgerichten, geht dann zu den kalten Vorspeisen über, bevor man sich das Warmgericht seiner Wahl auf den Teller lädt und das Ganze mit dem Dessert und einem kleinen Stück Käse abschließt.

Köttbullar

Typisch schwedisch sind auch die **Fleischklößchen,** *köttbullar,* die aber durch ihre fettreiche Straßenkioskausgabe viel von ihrem guten Ruf verloren haben. Gegessen werden die Fleischklößchen mit Kartoffelbrei, *potatismos.*

Janssons frestelse

Janssons frestelse, die „Versuchung des Herrn Jansson", ist ein **Kartoffelgericht** verfeinert mit Zwiebeln, Anchovis und vor allem einer ausgezeichneten Sahnesoße.

Pytt i panna

Pytt i panna ist das Billiggericht auf allen schwedischen Speisekarten. Das lässt sich dadurch erklären, dass man als Rezept für dieses Gericht einfach „ab mit den Resten in die Pfanne" angeben könnte. Es besteht meist aus Kartoffeln, Wurst, Fleischresten und ein paar Erbsen und Zwiebeln. Über das Ganze wird – vielleicht damit man den wilden Auflauf nicht mehr sehen kann – ein Spiegelei geschlagen.

Fisch

Bekannt ist Schweden für seine Fischgerichte. **Gravad lax** ist frischer, marinierter Lachs, der mit Salz, Zucker, Pfeffer und vor allem Dill gewürzt wird. Gereicht werden dazu Salzkartoffeln. Gebackener Hering (swe. **strömming**) ist der proletarische Bruder des feinen Lachses. Nur starken Mägen ist **surströmming** zu empfehlen. Dieses stinkende Etwas von Fisch schreckt nicht nur durch seinen Geruch, sondern auch durch seine Konsistenz ab. Wer es versuchen will, sollte sich unbedingt einen schwedischen Klaren bereitstellen, um das Ganze etwas magenverträglicher zu gestalten. Ebenfalls schwer verträglich ist der **lutfisk,** der getrocknete und in Lauge eingelegte Stockfisch. Gern gegessen werden Fischsalate.

Fleisch

Gerichte aus **Rentier- und Elchfleisch** gibt es auf dem schwedischen Speisezettel selbstverständlich auch. Doch *renskarv,* in Scheiben geschnittenes Rentierfleisch, oder gar ein Elchsteak kommen wesentlich seltener auf den Tisch, als man vielleicht meint. Dies gilt natürlich vor allem für Gotland, denn auf der Insel leben weder Rentiere noch Elche. Dafür werden auf Gotland vermehrt **Lammgerichte** gegessen, denn in Schweden kennt man Gotland auch als Insel der Lämmer, und nicht umsonst ziert ein Widder die Landesflagge. Trotzdem ist nicht jedes Lammgericht zu empfehlen. *Lammskallar* sind in Milch gekochte Lammköpfe – hört sich nicht wirklich lecker an, oder?

Sonstiges

Was hat die schwedische Küche noch zu bieten? Brot wird meist mit Sirup gebacken und schmeckt ungewöhnlich süß, Butter wird gesalzen, Joghurt und Milchgetränke gibt es in viel größerer Auswahl als in Deutschland, Erbsensuppe kommt jeden Donnerstag auf den Tisch.

Knäckebrot

Ansonsten ist da noch das Knäckebrot, der vielleicht größte schwedische Exportschlager der letzten Jahrhunderte. Das lang haltbare Brot wurde in schwedischen Bauernhöfen „erfunden“. Im Winter, wenn die Flüsse und Bäche zufroren, konnte kein Mehl gemahlen werden. Darum machte man sich im Herbst daran, einen Vorrat für den ganzen Winter zu backen, im Frühjahr buk man den Sommervorrat. In den wenigen Sommermonaten hatte ein Bauer nämlich so viel zu tun, dass keine Zeit zum Brotbacken blieb.

Saffrans-pannkaka Typisch gotländisch ist der **Safrankuchen** (swe. *saffranspannkaka*), der lauwarm zusammen mit *salmbärsylt,* dem Mus einer Waldbeere, die nur auf Gotland wächst, gegessen wird.

Getränke Wer an schwedische Getränke denkt, dem fallen zunächst natürlich **Akvavit** und (Absolut) **Wodka** ein. Rein statistisch gesehen, werden aber **Milch** und **Kaffee** am meisten getrunken. Je 175 Liter konsumiert jeder Schwede davon pro Jahr. Beim Kaffeeverbrauch sind die Schweden, nach Nachbar Finnland, die Nummer 2 der Welt. Noch bis vor kurzem war es üblich, dass man in den Kaffeehäusern nur die erste Tasse bezahlen musste, die zweite (swe. *påtår*) gab es umsonst. In einer Zeit, in der nicht mehr der Kunde, sondern das Geld König ist, sind viele Kaffeehäuser leider dazu übergegangen, jede Tasse zu berechnen. Einige immerhin bieten sie zu einem günstigeren Preis an. Aber zurück zur Statistik. Mit 56,4 Liter pro Jahr und Person (zum Vergleich Deutschland: 125,5 Liter) bleibt der **Bierverbauch** deutlich hinter dem Kaffeekonsum zurück. Böse Zungen behaupten, dass dies nicht nur am hohen Preis liegt, sondern auch der schlechten Qualität schwedischer Brauereierzeugnisse zuzuschreiben ist. Auf Gotland wird von manchen Familien auf dem Lande noch ein besonderes **Hausbier** hergestellt, das auf der Insel unter dem Namen **„gotlandsdrikkä"** bekannt ist. Im Supermarkt bekommt man das Getränk nicht angeboten, aber auf manchen Festen kann man es probieren.

Gatutök Zum Schluss noch eine Warnung: Gatukök, der **Kiosk am Straßenrand,** bietet meist fettiges Essen zu teurem Preis. Hier kann man zwar seinen Hunger stillen, schwedische Küche lernt man dort aber nicht kennen.

Feste und Feiertage

Feiertage

Vgl. zu diesem Kapitel auch „Sitten und Bräuche". Folgende Tage sind in Schweden Feiertage, an denen auch die **Geschäfte geschlossen** bleiben: Neujahr, Heilige Drei Könige, Karfreitag, Ostermontag, Tag der Arbeit, Himmelfahrt, 6. Juni (Nationalfeiertag), Mittsommer, Allerheiligen, Heiligabend, 1. und 2. Weihnachtsfeiertag und Silvester.

Ferien

Die Sommerferien beginnen in Schweden Mitte Juni und enden Ende August. Die meisten Betriebe sind den ganzen Juli über geschlossen, und dann verschwinden alle aufs Land – **Schweden ist im Juli „geschlossen".** Wenn überhaupt, arbeiten die Betriebe und Behörden dann nur mit einer Notbesatzung. Im März haben die Kinder Schiferien. Den Familienschiurlaub verbringt man aber meist an Ostern, wenn die Tage schon wieder länger sind und die Temperaturen höher. Für diesen Zeitraum sind die Schihütten schon Monate vorher ausgebucht. Für Gotland hat das aber keine Bedeutung, denn als Schigebiet kann man die Insel wahrlich nicht bezeichnen. Hierher kommen die meisten Touristen im Juli. Auch zwischen Weihnachten und Neujahr sind die Hütten auf Gotland gut gebucht.

Film und Foto

Film- und Fotomaterialien sind überall auf Gotland erhältlich, allerdings bedeutend teurer als bei uns.

Buchtipps:
- Helmut Herrman, **Reisefotografie**
- Volker Heinrich, **Reisefotografie digital**

(beide Bände Reise Know-How Praxis)

Geld

Anders als in Deutschland werden in Schweden nahezu überall alle gängigen **Kreditkarten** akzeptiert. An den **Bankautomaten** kann man mit ihnen bzw. der **Maestro-/EC-Karte** und der jeweiligen Geheimnummer problemlos Geld abheben. Für die Barabhebung vom Geldautomaten mit der Maestro-Karte wird je nach Hausbank pro Abhebung eine Gebühr von 1,30–4 Euro bzw. 4–6 SFr berechnet. Barabhebungen per Kreditkarte kosten je nach ausstellender Bank bis zu 5,5% an Gebühr, aber für das bargeldlose Zahlen werden nur 1–2% für den Auslandseinsatz berechnet. Also am besten viel bargeldlos bezahlen und für Bargeld gleich größere Summen mit der Maestro-Karte abheben.

Währung

Da Schweden bei einer Abstimmung 2003 beschlossen hat, sich nicht der Europäischen Währungsunion anzuschließen, ist die **Schwedische Krone (SEK)** die einzig offiziell gültige Währung. Trotzdem akzeptieren einige Geschäfte und Restaurants in Gotland auch den Euro, allerdings erhält man dann meist das Wechselgeld in Kronen.

Wechselkurse

(Stand: April 2009)
- **1 Euro = 10,87 Schwedische Kronen (SEK)**
- 1 SEK = 0,09 Euro
- 1 Schweizer Franken (SFr) = 7,21 SEK
- 1 SEK = 0,14 SFr

Gesundheit

Falls Sie während Ihres Schweden-Urlaubs krank werden sollten, haben Sie das Recht auf die gleiche Notfallbehandlung wie jeder Schwede. Bei ei-

Medizinische Infos im Internet unter der Adresse:
- **www.travelmed.de**

got_035 Foto: rk

nem akuten **Notfall** ist die Notaufnahme (swe. *akuttmottagning*) der Krankenhäuser zuständig. Sie können sich aber auch in einem Gesundheitszentrum (swe. *vårdcentral*) oder von einem Arzt behandeln lassen. Wie jeder Schwede auch, müssen Sie dort je nach Behandlung zwischen 150 und 280 SEK Eigenanteil bezahlen. **Medikamente** erhalten Sie auf Rezept bei jeder Apotheke (swe. *apotek*). Auch hier wird eine Eigenbeteiligung fällig. Der Gang zum **Zahnarzt** (swe. *tandläkare*) kann teuer werden, denn in diesem Fall müssen Sie bis zu 70 Prozent der entstandenen Kosten selbst tragen. Obwohl bestimmte Restbeträge von der gesetzlichen Krankenkasse hinterher erstattet werden, kann ein Teil der finanziellen Belastung beim Patienten bleiben und zu Kosten in kaum vorhersagbarem Umfang führen.

Krankenversicherung

Deshalb wird der Abschluss einer **privaten Auslandskrankenversicherung** dringend empfohlen. Diese sollte eine zuverlässige Reiserückholversicherung enthalten, denn der Krankenrücktransport wird von den gesetzlichen Krankenkassen nicht übernommen.

Blick vom Högklint bei Visby

Schweizer sollten bei ihrer Krankenversicherungsgesellschaft nachfragen, ob die Auslandsdeckung auch für Schweden inbegriffen ist. Sofern man keine Auslandsdeckung hat, kann man sich kostenlos bei Soliswiss (Gutenbergstrasse 6, 3011 Bern, Tel. (031) 3810-494, info@soliswiss.ch, www.soliswiss.ch) über mögliche Krankenversicherer informieren.

Zur **Erstattung der Kosten** benötigt man ausführliche Quittungen (mit Datum, Namen, Bericht über Art und Umfang der Behandlung, Kosten der Behandlung und Medikamente).

Der Abschluss einer **Jahresversicherung** ist in der Regel kostengünstiger als mehrere Einzelversicherungen. Günstiger ist auch die Versicherung als Familie statt als Einzelpersonen. Hier sollte man nur die Definition von „Familie" genau prüfen.

Gotland für Menschen mit Handicap

Ideales Reiseziel

Gotland ist ein ideales Reiseziel für behinderte Menschen. Hotels und Restaurants sind meist für den Besuch von Rollstuhlfahrern eingerichtet. Auch die öffentlichen Verkehrsmittel sind behindertenfreundlicher, als man dies von zu Hause gewohnt ist. Generell ist schon heute die Akzeptanz behinderter Mitbürger in der Öffentlichkeit deutlich höher als in Deutschland. Und es wird noch besser: Das Parlament hat beschlossen, dass bis 2010 jedes öffentlich zugängliche Gebäude behindertengerechte Zugänge haben muss. Einen **Führer** speziell für behinderte Reisende (nur auf Schwedisch) veröffentlicht Handikappturism.

- **Handikappturism,** Tennisvägen 21, 15159 Södertälje, Tel. 0046 (0)8-55064130, Fax 55087424.
- **Weitere Infos: De Handikappades Riksförbund,** Katrinebergsvägen 6, 11743 Stockholm, Tel. 0046 (0)8-6858000, Fax 6456541.

Informationsstellen

Visit Sweden

Fragen zu Schweden bekommt man unter der Telefonnummer (069) 22223496 beantwortet. Aus Österreich wählt man die Telefonnummer (0192) 86702, aus der Schweiz (044) 5806294. Schriftliche Anfragen müssen direkt nach Schweden gerichtet werden: VisitSweden, Stortorget 3, 83130 Östersund, Fax (0046) 63128137. Oder man schickt eine Mail an eine der folgenden Adressen: germany@visitsweden.com, austria@visitsweden.com, switzerland@visitsweden.com. Man kann sich auch direkt auf der Homepage von VisitSweden informieren: www.visitsweden.com. Dort können auch Broschüren bestellt werden.

Gotlands Turistförening

Informationen über Gotland erhält man bei Gotlands Turistförening, Skeppsbron 4–6, 62125 Visby, Tel. (0498) 201700, Fax 201717, E-Mail: info@gotland.info, Internet: www.gotland.info. Besucher, die bereits in Stockholm sind, können sich im Büro von **Gotland City** in der Kungsgatan 57 informieren und dort auch Buchungen vornehmen.

Informationen im Internet

Wer Schwedisch spricht, findet unzählige Infoseiten über Gotland im Internet. Fast jede Gemeinde hat ihre Homepage, auf der sie über das aktuelle Geschehen im Dorf berichtet. Für Besucher interessant sind vor allem die folgenden Seiten:

- **www.gotland.info**
  Offizielle Homepage des gotländischen Fremdenverkehrsamtes. Hier findet man auch auf Deutsch aktuelle Informationen, die bei der Reisevorbereitung helfen.

- Informationen und Reisehinweise im Internet auch unter: **www.auswaertiges-amt.de**

got_038 Foto: rk

- **www.gotlandweb.com** bzw. **www.gotland.net**
Angeboten werden, ebenfalls auf Deutsch und Englisch, Touristeninfos und zudem viele Links zu anderen Seiten, die über Gotland informieren.
- **www.gotland.se**
Offizielle Website von „Gotlands Kommun". Interessant vor allem für Schwedisch sprechende Websurfer, für die auf dieser Seite geballte Informationen über Gotland zu finden sind. Die deutsche Seite ist zwar im Vergleich dazu deutlich abgespeckt, jedoch immer noch sehr lesenswert.
- **www.guteinfo.com**
Wer Schwedisch kann, findet hier gute Informationen zur gotländischen Geschichte, auf Deutsch sind einige zusammenfassende Artikel von Interesse.

Mit Kindern unterwegs

Viele Möglichkeiten

Gotland ist ein ideales Reiseziel für Familien mit Kindern. Die langen Sandstrände, die flach ins Meer hineinführen, sind für Kinder bestens geeignet. Lediglich bei starkem Wind ist Vorsicht geboten. Fahrradtouren überfordern auf Gotland auch Kinder nicht. Hohe Erhebungen gibt es nicht, und da überall auf der Insel leicht eine Unterkunft zu finden ist, kann auch die Länge der Tagesetappen problemlos entsprechend dem Alter der Kinder gewählt werden. Einige Reiterhöfe bieten Ausritte/Reitkurse speziell für Kinder und Jugendliche an. Im **Ferienland Kneippbyn** nur wenige Kilometer vor den Toren Visbys können die Kleinen auf *Pippi Langstrumpfs* Spuren wandeln und die berühmte Villa Kunterbunt besuchen. Im **Wikingerdorf bei Tofta** darf man nicht nur schauen, sondern auch selbst ausprobieren, wie es sich anfühlt, wenn man eine Axt schwingt oder mit dem Schwert kämpft. Tapfere Krieger – aber auch Bauern, Burgfräuleins und Königinnen – sind während der **Mittelalterwoche** (siehe dazu entsprechenden Exkurs bei Visby) Anfang August gefragt. Da dabei nicht nur die Akteure, sondern auch viele Zuschauer in Mittelalterkleidung unterwegs sind, können Kinder ihren Verkleidungstrieb voll ausleben. Interessant für Kinder und Jugendliche ist auch das **Museum Fenomenalen** in Visby, in dem Wissenschaft auf kindgerechte „Mitmach-Art" präsentiert wird. Kinderermäßigungen werden übrigens fast überall gewährt.

Leben und Arbeiten auf Gotland

Gotland gehört zu den Regionen in Schweden, in denen die Arbeitsplatzsituation am angespanntesten ist. Viele Gotländer verlassen die Insel, da es nicht leicht ist, hier einen Job zu finden. Arbeitsplätze gibt es am ehesten im Tourismussektor und – wie überall in Schweden – in medizinischen Berufen. Voraussetzung für eine erfolgreiche Bewerbung sind in jedem Fall zumindest Grundkenntnisse der schwedischen Sprache. Wer sich näher für einen Arbeitsaufenthalt in Gotland/Schweden interessiert, sollte als erste Anlaufstelle den Euroberater seines Arbeitsamtes konsultieren. Man kann sich aber auch direkt an das **Arbeitsamt** (swe. *arbetsförmedlingen*) in Schweden wenden bzw. auf dessen Internetseite www.amv.se nähere Informationen einholen. Auch die schwedischen Botschaften helfen weiter.

Nachdem Schweden der EU angehört, darf jeder EU-Bürger seinen Wohnsitz im Königreich nehmen. Wegen der Formalitäten sollte man sich vor einem geplanten Umzug auf jeden Fall bei der Schwedischen Botschaft informieren.

Nachtleben

Juli und August, v.a. in Visby

Gotland ist sicherlich nicht das typische Reiseziel für Nachtschwärmer und Kneipenbummler. Trotzdem ist in der Hauptsaison – und ganz besonders während der **Mittelalterwoche** Anfang August – in Visby einiges los. In der Innenstadt grenzt ein Restaurant ans nächste, auf unzähligen Freiterrassen wird gefeiert, aus den Discos dringt die Musik durch die engen Gassen. Auch in den großen Touristenorten auf dem Lande kann man gemütliche und stimmungsvolle Abende in der Kneipe verleben. Allerdings ist dort die Auswahl meist be-

got_040 Foto: rk

schränkt. In der Nebensaison hat man außerhalb von Visby Schwierigkeiten, überhaupt ein geöffnetes Restaurant zu finden, und selbst in der Hauptstadt werden vielerorts ab Mitte/Ende August die Zapfhähne zugedreht und die Stühle hochgestellt.

Notfall

Tel. 112 Sowohl **Polizei** als auch **Feuerwehr** erreicht man in Gotland unter der Notfallnummer 112.

Sperrnotruf Bei Verlust oder Diebstahl der Kredit- oder Maestro-(EC-)Karte sollte man diese umgehend sperren lassen. **Für deutsche Maestro- und Kreditkarten** gibt es die **einheitliche Sperrnummer 0049-116-116** und im Ausland zusätzlich 0049-30-4050-4050. Für österreichische und schweizerische Karten gelten:

- **Maestro-(EC-)Karte,** (A)-Tel. 0043 (1) 2048800; (CH)-Tel. 0041 (44) 2712230, UBS: 0041-800-888601, Credit Suisse: 0041 (800) 800488.
- **MasterCard/VISA,** (A)-Tel. 0043-1-71701-4500 (MasterCard) bzw. Tel. 0043 (1) 7111-1770 (VISA); (CH)-Tel. 0041 (58) 9588383 für alle Banken außer Credit Suisse, Corner Bank Lugano und UBS.
- **American Express,** (A)-Tel. 0049 (69) 9797-1000; (CH)-Tel. 0041(44) 6596333.
- **Diners Club,** (A)-Tel. 0043 (1) 5013514; (CH)-Tel. 0041 (44) 8354545.

Autopanne/-unfall Hilfe erhält man rund um die Uhr von den **Straßenhilfsorganisationen Assistancekåren,** Tel. (020) 912912, sowie **FALCK,** Tel. (087) 679000. Diese ist z.B. für ADACPlus-Mitglieder oder ÖAMTC-Mitglieder teilweise kostenlos. Man kann sich auch direkt an seinen Automobilclub wenden. Hier die drei größten für Deutschland, Österreich und die Schweiz:

Der Speisesaal des Hotel Toftagården in Tofta

- **ADAC,** (D)-Tel. (089) 222222, unter (D)-Tel. (089) 767676 gibt es Adressen von deutschsprachigen Ärzten in der Nähe des Urlaubsortes (Liste auch vorab anforderbar).
- **ÖAMTC,** (A)-Tel. (01) 2512000 oder (A)-Tel. (01) 2512020 für medizinische Notfälle.
- **TCS,** (CH)-Tel. (022) 4172220.

Öffnungszeiten

Im Gegensatz zu Deutschland kennt Gotland keine **staatlich festgelegten Öffnungszeiten.** Zumindest die großen Supermärkte haben bis 20 Uhr geöffnet, viele von ihnen sogar am Sonntag. Die meisten kleinen Boutiquen in Visby schließen dagegen schon um 18 Uhr. Banken haben montags bis freitags von 9.30 bis 15 Uhr geöffnet, am Donnerstag bis 18 Uhr. In der Nebensaison sind manche Geschäfte geschlossen, bzw. nur zu verkürzten Öffnungszeiten geöffnet.

Post

Das **Porto** für Briefe und Postkarten in Länder der Europäischen Union und in die Schweiz beträgt 11 Kronen, **Briefmarken** (swe. *frimärken*) kann man meist zusammen mit den Postkarten in Andenkenläden kaufen.

Reisen auf Gotland

Busse

Über Land

Die gute Nachricht zuerst: Nahezu jeder Ort der Insel ist mit öffentlichen Verkehrsmitteln zu erreichen. Die schlechte gleich hinterher: Die **Fahrpläne richten sich oft nach den Zeiten des Schulbesuchs** der Kinder, sodass zu den meisten Orten nur ein- oder zweimal täglich Busse verkehren – und das oft zu besucherunfreundlichen Zeiten.

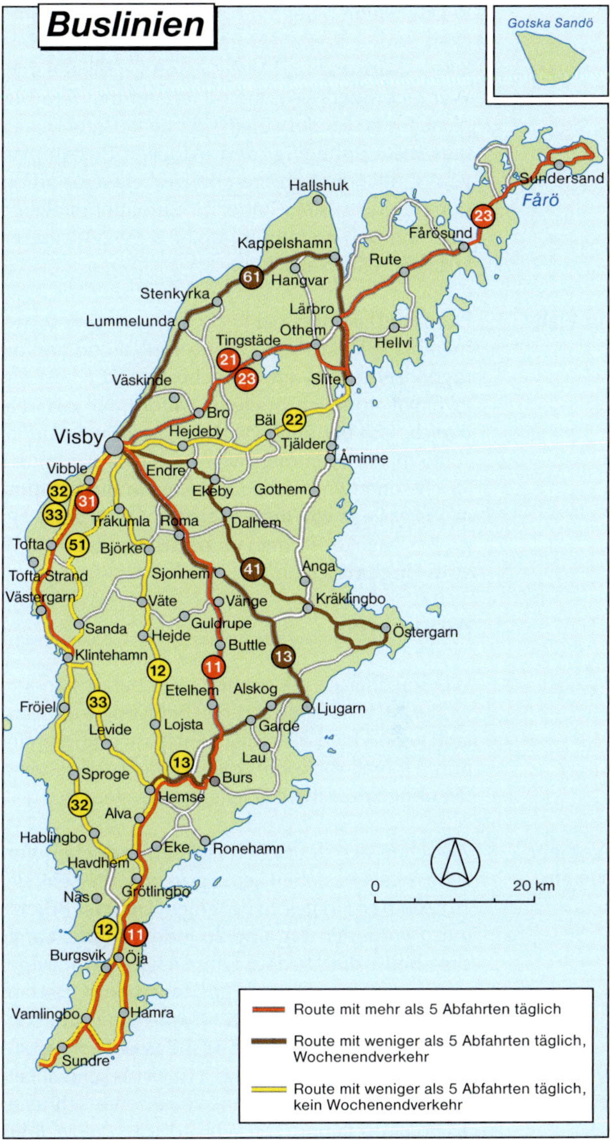
Buslinien
Gotska Sandö
Fårö
Sundersand
Fårösund
Hallshuk
Kappelshamn
Hangvar
Rute
Stenkyrka
Lärbro
Lummelunda
Othem
Hellvi
Tingstäde
Väskinde
Slite
Bro
Bäl
Visby
Hejdeby
Tjälder
Åminne
Vibble
Endre
Ekeby
Gothem
Träkumla
Roma
Dalhem
Tofta
Björke
Tofta Strand
Sjonhem
Anga
Västergarn
Väte
Vänge
Kräklingbo
Sanda
Guldrupe
Östergarn
Hejde
Buttle
Klintehamn
Etelhem
Alskog
Fröjel
Ljugarn
Lojsta
Garde
Levide
Lau
Sproge
Burs
Hemse
Alva
Hablingbo
Eke
Ronehamn
Havdhem
Grötlingbo
Näs
Burgsvik
Öja
Vamlingbo
Hamra
Sundre
0
20 km
Route mit mehr als 5 Abfahrten täglich
Route mit weniger als 5 Abfahrten täglich, Wochenendverkehr
Route mit weniger als 5 Abfahrten täglich, kein Wochenendverkehr

Relativ häufig befahren werden lediglich die Strecken Visby – Roma – Hemse, Visby – Tingstäde – Slite – Fårösund und Visby – Tofta – Klintehamn. Wer eine Rundreise durch Gotland mit dem Bus plant, muss sich deswegen sehr genau informieren und sollte unbedingt den aktuellen Busfahrplan vom Gotländischen Fremdenverkehrsamt anfordern (Adresse siehe unter „Informationsstellen“) oder ihn sich im Internet unter www.gotland.se/kollektivtrafiken ansehen.

In Visby

Der Stadtbusverkehr in Visby ist – je nachdem, wo man hin will – zwischen katastrophal und hervorragend einzuordnen. Manche Strecken werden zweimal stündlich bedient, andere nur zweimal täglich. Um unnötige Wartezeiten zu vermeiden, sollte man hier immer mit einem Fahrplan in der Tasche unterwegs sein. Der zentrale **Busbahnhof** in Visby liegt **vor dem Stadttor Österport.** Ein großes Manko ist, dass es **keine Busverbindung zum Flughafen** gibt.

Autofahren

Wer die harten deutschen Autobahnsitten gewohnt ist, wird Autofahren in Schweden/auf Gotland schon bald als reinste Entspannung empfinden. Überall rücksichtsvolle Verkehrsteilnehmer, die ohne Stress ihrem Ziel entgegensteuern.

Verkehrsregeln

Zwischen den deutschen und schwedischen Verkehrsregeln bestehen keine großen Unterschiede. Trotzdem ist einiges zu beachten: **Licht ist Pflicht,** und zwar jeden Tag und zu jeder Stunde. **Langsam heißt die Devise.** Die zulässige Höchstgeschwindigkeit außerhalb geschlossener Ortschaften liegt zwischen 70 und 90 km/h, auf Autobahnen – von denen es auf Gotland aber keine gibt – darf man zwischen 90 und 110 km/h schnell fahren. Wohnwagengespanne dürfen nie schneller als 80 km/h fahren. Die schwedische Polizei führt

häufig Geschwindigkeitskontrollen durch, die Strafen für Geschwindigkeitsüberschreitungen sind empfindlich. Wer mit Alkohol am Steuer erwischt wird, für den ist der Urlaub (zumindest mit dem Auto) definitiv zu Ende, den Führerschein ist man dann für einige Monate los. Schon ein Glas Wein genügt, um die **0,2-Promille-Grenze** zu überschreiten! Auf Gotland ist das Verkehrsaufkommen so gering, dass auch in der Hochsaison auf den Landstraßen nur vergleichsweise wenige Autos unterwegs sind. Die **Innenstadt von Visby** ist **in der Hochsaison für Fahrzeuge gesperrt;** vor der Stadtmauer wurden große Parkplätze eingerichtet, sodass man kein Problem hat, sein Fahrzeug abzustellen.

- Zu **Mietwagen** und **Taxis** siehe bei den praktischen Informationen zu Visby.
- Zu **Fähren nach Fårö** siehe bei Fårösund.

Reisezeit

Schwedens Sonneninsel

Gotland gilt als die Sonneninsel Schwedens und hat das beste Klima des Drei-Kronen-Reiches. Im Vergleich zu anderen schwedischen Tourismusregionen scheint hier die Sonne am längsten, und es regnet am wenigsten. Nicht umsonst verbringen auf Gotland auch viele Schweden gerne ihren Urlaub. Viele Stars aus Kunst und Politik wie etwa der Regisseur *Ingmar Bergman* oder der ehemalige (ermordete) Ministerpräsident *Olof Palme* haben oder hatten hier ihren Sommersitz.

Im Mai

Gotland kann bereits im Mai sehr gut bereist werden. Der Wonnemonat macht hier seinem Namen meist alle Ehre. Strahlend blauer Himmel und Temperaturen um 20 Grad sind keine Seltenheit. Außerdem ist der Mai der Monat mit den meisten Sonnenstunden – rein statistisch lächelt dann fast 350 Stunden im Monat die Sonne. Kein Wunder, dass auch die Pflanzen den Mai lieben und ganz Gotland ein einziges blühendes Blumenmeer ist.

Juni bis August

Auch der Juni ist als Ferienmonat uneingeschränkt empfehlenswert. Noch sind die Strände fast menschenleer, denn der **Hauptferienmonat** der Schweden ist der **Juli.** Dann ist es noch wärmer, aber auch regenreicher als im Vormonat. Die Hotels und Ferienhäuser sind in diesem Monat meist ausgebucht, wer dann unterkommen will, muss lange im Voraus gebucht haben und zudem mit deutlich höheren Preisen rechnen. Anfang August findet in Visby die Mittelalterwoche (siehe entsprechenden Exkurs bei Visby) statt, ein Schau-

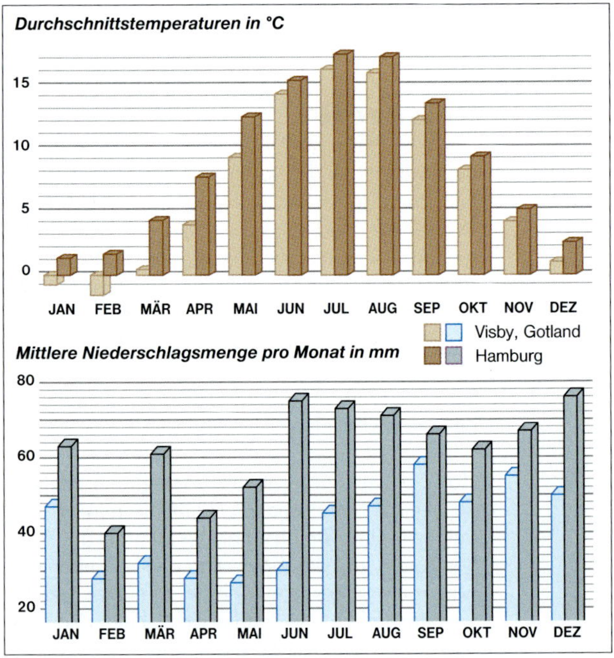

spiel, das man sich nicht entgehen lassen sollte. Danach beginnt eigentlich schon die Nachsaison, und obwohl das Wetter dann in der Regel immer noch sehr gut ist, leert sich die Insel. Für **deutsche Touristen,** deren Haupturlaubssaison ohnehin meist der **August** ist, ist die Insel dann das ideale Reiseziel. Die Unterkünfte sind dann preisgünstiger und auch ohne lange Vorausbuchung zu bekommen, und an den Stränden der immer noch sommerwarmen Ostsee ist man fast für sich allein. Einziger Nachteil: Vielerorts haben Restaurants und Kneipen schon geschlossen.

September bis November

Der September ist der ideale Monat für **Aktivurlauber.** Spaziergänger, Wanderer und Fahrradfahrer fühlen sich auch dann noch wohl auf der Insel. Oktober und November sind mit Abstand die regenreichsten Monate. Trotzdem haben der Spätherbst und der Winter durchaus ihren Reiz – allerdings nur für wetterfeste Besucher. Wer einsame Strandspaziergänge im Wind mag, auch mal ein paar Regengüsse wegstecken kann und mit sich und einer herrlichen – aber dann auch rauen – Natur allein sein will, der fühlt sich im herbstlichen Gotland wohl.

Winter

Der Winter gleicht mehr dem an der deutschen Ostseeküste – also meist schmuddelig und feucht – als dem im übrigen Skandinavien mit viel Sonne, Schnee und tiefen Temperaturen. Durch die Insellage bleibt es auch im Winter **verhältnismäßig mild.**

Buchtipp:
- Friederike Vogel, **Sonne, Wind und Reisewetter** (Reise Know-How Praxis)

Sicherheit und Kriminalität

Sicheres Reiseziel

Wer auf Gotland Urlaub macht, braucht keinerlei Bedenken um seine Sicherheit haben. Auf dem Land werden hier nach wie vor die Türen nicht verschlossen, Diebstähle sind äußerst selten. Gewaltverbechen sind nahezu unbekannt und kommen höchstens im Sommer vor, wenn betrunkene Urlaubsgäste vom schwedischen Festland handgreiflich werden. Trotzdem sollte man natürlich **nicht leichtsinnig sein** und dieselbe Vorsicht walten lassen, wie man dies auch zu Hause tut.

Sport und Erholung

Sportler werden sich auf Gotland wohl fühlen, denn für sie gibt es unzählige Möglichkeiten. Fahrradfahren und Schwimmen sind die Hauptsportarten. Aber auch zum Wandern, Reiten und Golfspielen lädt die Insel ein.

Strände

Hier ein alphabetisches Verzeichnis der Strände auf Gotland (erst wird der Ort genannt, dann die Art des Strandes, zuletzt Sonstiges; siehe auch Karte rechts):

- **Åminne:** Sand; einer der schönsten Strände, Minigolf und Kiosk
- **Björklunda:** Sand; Kiosk
- **Brissund:** Kiesel
- **Bungeviken:** Sand
- **Burgsvik:** Sand; Kiosk
- **Djupvik:** Sand; Kiosk
- **Eveviken:** Sand
- **Fårösund:** Sand
- **Fidenäs:** Sand; Kiosk, Minigolf
- **Grötlingboudd:** Felsen, Sand
- **Gryngeviken:** Sand
- **Gustavs:** Sand
- **Haga:** Sand; Kiosk
- **Hammars:** Sand

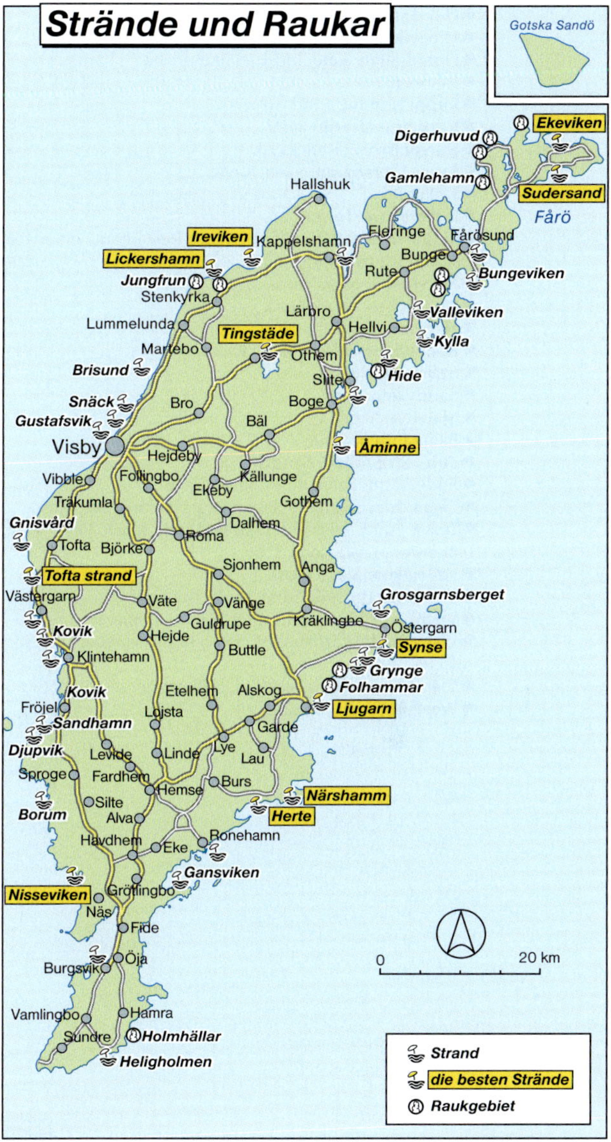
Strände und Raukar
Gotska Sandö
Ekeviken
Digerhuvud
Gamlehamn
Sudersand
Fårö
Hallshuk
Fleringe
Fårösund
Ireviken
Kappelshamn
Bunge
Lickershamn
Rute
Bungeviken
Jungfrun
Stenkyrka
Valleviken
Lärbro
Lummelunda
Hellvi
Tingstäde
Kylla
Martebo
Othem
Brisund
Hide
Slite
Snäck
Bro
Boge
Gustafsvik
Bäl
Visby
Åminne
Hejdeby
Vibble
Follingbo
Källunge
Ekeby
Träkumla
Gothem
Gnisvård
Dalhem
Roma
Tofta
Björke
Sjonhem
Tofta strand
Anga
Västergarn
Grosgarnsberget
Väte
Vänge
Kovik
Guldrupe
Kräklingbo
Östergarn
Hejde
Synse
Buttle
Klintehamn
Grynge
Folhammar
Kovik
Etelhem
Alskog
Fröjel
Ljugarn
Lojsta
Sandhamn
Garde
Djupvik
Levide
Linde
Lye
Lau
Sproge
Fardhem
Burs
Hemse
Närshamm
Silte
Herte
Borum
Alva
Havdhem
Ronehamn
Eke
Gansviken
Grötlingbo
Nisseviken
Näs
Fide
0
20 km
Öja
Burgsvik
Vamlingbo
Hamra
Sundre
Holmhällar
Heligholmen
Strand
die besten Strände
Raukgebiet

- **Herta:** Sand; Kiosk
- **Hideviken:** Sand
- **Holmhällar:** Sand; Kiosk in Strandnähe
- **Ireviken:** Sand; Kiosk
- **Kappelshamn:** Sand, Felsen
- **Katthammarsvik:** Sand
- **Kneippbyn:** Felsen; Kiosk
- **Kvarnåkershamn:** Sand; Kiosk
- **Kyllaj:** Sand
- **Lickersham:** Felsen
- **Ljugarn:** Sand; Kiosk, Minigolf, Restaurant, einer der größten Touristenorte
- **Närshamn:** Sand; Kiosk
- **Nisseviken:** Sand; Kiosk
- **Nyhamn:** Sand
- **Ronehamn:** Felsen, Sand; Kiosk
- **Sallmunds:** Sand
- **Sandviken:** Sand
- **Sjauster:** Sand
- **Skärsänden:** Sand
- **Slite, Strandbad:** Sand; Kiosk
- **Sudersand:** Sand; Kiosk, Restaurant
- **Tingstäde:** Sand; der Strand liegt an einem See, Kiosk
- **Tofta:** Sand; größter Strand der Insel, Kiosk, Restaurant, Lebensretter, Wasserrutsche
- **Valleviken:** Sand; Kiosk
- **Visby, Gustafsvik:** Sand; Kiosk, Minigolf
- **Visby, Norderstrand:** Felsen; Kiosk, Minigolf
- **Visby, Snäckgärdsbadet:** Sand; Kiosk, Minigolf, Wasserrutsche, Tennis
- **Visby, Strandbad:** Felsen; in Hafennähe
- **Warfsholm:** Sand; Kiosk

got_051a Foto: rk

got_051b Foto: rk

got_051c Foto: rk

Golf

In Schweden mag vieles teurer sein als in Deutschland, Golfspielen ist es definitiv nicht. Da im Drei-Kronen-Reich Golf ein **Volkssport** ist, den nicht nur Manager und Chefärzte betreiben, sondern auch Rentner, Studenten und Hausfrauen, ist die Atmosphäre auf schwedischen Plätzen eine ganz andere als hierzulande. Gotland hat sich in den letzten Jahren zu einer regelrechten Golferinsel entwickelt, auf der Jahr für Jahr neue Plätze entstehen. In Visby gibt es in der Nähe des Flugplatzes gleich zwei Plätze, einen 18-Loch-Kurs und einen „Übungskurs", auf dem auch Anfänger gerne gesehen sind. In Stånga, När und Slite kann auf 18-Loch gespielt werden. In Västergarn, 22 Kilometer südlich von Visby, liegen ein 18- und ein 9-Loch-Kurs. Ebenfalls neunmal locht man in Ljugarn ein. Hier treffen sich diejenigen, die Golf wirklich locker nehmen, denn dieser Kurs gilt als der leichteste der Insel, und der Fun steht deutlich im Vordergrund. Außer den genannten gibt es in Gotland noch einige Pay & Play-Bahnen, auf denen jedermann auch ohne Clubmitgliedschaft und Platzreife den Schläger schwingen darf. Solche Bahnen stehen in Västerhejde, Vamlingbo, Stenkyrka und Visby zur Verfügung. Golftouristen können übrigens von Gotlands Turistförening ein englischsprachiges **Informationsheft** zum Thema Golf anfordern, oder man informiert sich im Internet unter www.golfgotland.se.

Buchtipps:

Zu sportlichen Betätigungen und aktiver Freizeitgestaltung bietet REISE KNOW-HOW eine Reihe von Praxis-Ratgebern an, z.B.:

- R. Knoller, M. Stritzke, **Handbuch Paragliding**
- Rainer Höh, **Handbuch Kanu**
- Gunter Schramm, **Trekking-Handbuch**
- Rainer Höh, **Winterwandern**

Reiten Reiten kann man in Gotland auch. Unter anderem bei folgenden **Reitställen:** Gervide Gård, Tel. (0498) 59037, www.gervidegard.com; Gannarve Gård, Tel. (0498) 244076; Stall Dalhem, Tel. (0498) 38151; Knuts Fjordhästar in Väskinde, Tel. (0498) 270300.

Wer nicht selber reiten will, sondern lieber zusieht und wettet, sollte auf der **Trabrennbahn in Visby** vorbeischauen, auf der im Sommer drei- bis fünfmal im Monat gelaufen wird.

Radfahren Gotland ist *das* Reiseziel für alle, die Lust auf Fahrradfahren ohne Quälerei haben. Steigungen gibt es kaum, die Straßen sind wenig befahren, und allerorten kann man Fahrräder mieten. Auf dem **Gotlandsleden,** einem gut ausgeschilderten Fahrradweg, kann man nahezu jeden Winkel der Insel erfahren. Die Mietpreise für Räder unterscheiden sich bei den einzelnen Vermietern nur wenig. Ein 3-Gang-Rad kostet für einen Tag etwa 65 SEK, für eine Woche 325 SEK, ein 7-Gang-Rad schlägt mit 80 bzw. 400 SEK zu Buche.

Fahrräder mieten kann man unter anderem bei O'Hoj am Hafen (Färjeheden 3) und bei Intersport am Österport in Visby. Gotlands Resor (siehe „Unterkunft") stellt für Fahrradtouristen auch eine **Reiseroute** zusammen, entlang der die Unterkunft im Voraus gebucht wird. Apropos Unterkunft: Einige Fahrradverleiher vermieten auch Zelte (ab zirka 250 SEK pro Woche).

Sprache

Schwedisch Schwedisch ist eine **nordgermanische Sprache** und wird heute von etwa neun Millionen Menschen gesprochen. Außer in Schweden selbst spricht man auch noch in Teilen Finnlands Schwedisch. Auffallend bei der Aussprache ist der **„musikalische Akzent"** der Sprache, ein für Ausländer ungewohntes Auf und Ab in der Sprachmelodie.

Die Grammatik der Sprache ist relativ einfach. Es gibt beispielsweise, mit Ausnahme des Genitiv-s, keine Kasusendungen, und bei den Verben kommen keine Personalendungen vor.

Das schwedische Vokabular weist Ähnlichkeiten mit dem Deutschen und Englischen auf. Wer diese beiden Sprachen spricht, etwas Fantasie hat und gerne knobelt, kann auch ohne Vorkenntnisse schon einiges in einer schwedischen Tageszeitung entziffern. Hört man einen Schweden sprechen, wird man aber zunächst nur wenig verstehen. Die Aussprache verlangt Übung. Aber einen Trost gibt es immer: In keinem Land Europas sprechen so viele Menschen so gut **Englisch** wie in Schweden.

Einige **Hinweise zur Aussprache:**

- å wird ähnlich dem deutschen o ausgesprochen
- u wie ü
- v wie w
- g vor e, i ,y, ä ,ö wie j

Gotländisch

Das Gotländische oder **Gutnische** ist ein eigenständiger schwedischer Dialekt, der noch vom Altgutnischen beeinflusst ist. Der wichtigste Unterschied zum „Hochschwedisch" ist die konsequente Verwendung von Diphtongen (Doppelvokalen). Beispielsweise heißt das schwedische Wort für Tier „djur", gesprochen *djüür,* ein Gotländer würde das Wort in seinem Dialekt *djaur* aussprechen. E wird wie ei ausgesprochen, ein langer u-Laut wie iu.

Buchtipps:

- Karl-Axel Daude, **Schwedisch – Wort für Wort**
- Doris Werner-Ulrich, **Englisch – Wort für Wort**

(Reise Know-How Kauderwelsch-Sprechführer)

Telefonieren

Kartentelefone

Die meisten Telefonzellen in Schweden sind Kartentelefone. Dies ist besonders bei Auslandsgesprächen sehr angenehm, da das ewige Nachwerfen von Münzen entfällt. Telefonkarten gibt es für 25, 50 und 100 Einheiten. Erhältlich sind die Karten in Zeitungskiosken, Touristenbüros und Geschäften in der Nähe der entsprechenden Telefonzellen. Die jeweils nächste Verkaufsstelle ist in den Zellen angegeben.

Country-direct-call

Von Gotland aus besteht die Möglichkeit eines so genannten Country-direct-calls nach Deutschland. Dabei rufen Sie zunächst unter der Nummer (020) 799049 (kostet eine Einheit) eine **deutsch sprechende Telefonvermittlung** an, die Sie dann mit Ihrem Gesprächspartner verbindet. Die Gesprächskosten muss der Angerufene übernehmen. Der Vorteil liegt auf der Hand: Langzeittelefonate werden auch ohne langwierige „Vorbereitungen" möglich.

Telefonate nach Schweden: Auslandsvorwahl (in Deutschland 00) + Landeskennziffer 46 + Ortsvorwahl unter Weglassung der 0 + Teilnehmernummer.

Telefonate von Schweden: nach Deutschland 009-49, nach Österreich 009-43 und in die Schweiz 009-41.

Handy

Das eigene Handy lässt sich in Schweden problemlos nutzen, denn die meisten Mobilfunkgesellschaften haben **Roamingverträge** mit den schwedischen Gesellschaften Hi3G (3G 2100, www.tre.se), Tele2 (GSM 900 MHz und 3G 2100, www.tele2.com) oder Telenor und Telia (beide GSM 900/1800 MHz und 3G 2100, www.telenor.se bzw. www.teliasonera.com). Wegen hoher Gebühren sollte man bei seinem Anbieter nachfragen oder auf dessen Website nachschauen, welcher der Roamingpartner günstig ist und diesen per **manueller Netzauswahl** voreinstellen. Nicht zu vergessen sind die **passiven Kosten,** wenn man von zu Hause angerufen wird (Mailbox abstellen!). Der Anrufer zahlt nur die Gebühr ins heimische Mobilnetz, die teure Rufweiterleitung ins Ausland zahlt der Empfänger.

Wesentlich preiswerter ist es, sich von vornherein auf **SMS** zu beschränken, der Empfang ist dabei in der Regel kostenfrei. Der Versand und Empfang von Bildern per **MMS** ist hingegen nicht nur relativ teuer, sondern je nach Roamingpartner auch gar nicht möglich. Die **Einwahl ins Internet** über das Mobiltelefon, um Daten auf das Notebook zu laden, ist noch kostspieliger.

Falls das Mobiltelefon **SIM-lock-frei** ist (keine Sperrung anderer Provider vorhanden ist) und man innerhalb Schwedens viele Gespäche führen muss, kann man sich eine örtliche **Prepaid-SIM-Karte** besorgen.

Uhrzeit

Wer nach Gotland reist, muss seine Uhr nicht umstellen – ganzjährig gilt die **gleiche Zeit wie in Deutschland.**

Unterkunft

Ferienhäuser

Die beliebteste Art des Urlaubs auf Gotland sind Ferienhäuser. Diese kann man privat buchen, oder aber man vertraut sich einem Ferienhausvermittler an. Am bekanntesten ist **Gotlands Resor,** über die man nicht nur Ferienhäuser, sondern auch Hotelübernachtungen buchen kann; Tel. (0498) 201260, E-Mail: mg@gotlandsresor.se, Internet: www.gotlandsresor.se. Der Vorteil bei Gotlands Resor ist, dass man dort Deutsch spricht.

Ein zweiter großer Anbieter ist **Gotlandstugor** (www.gotlandstugor.com).

Hotels

Hotels sind generell recht **teuer** auf Gotland. Unter 100 Euro bekommt man fast nirgends ein Doppelzimmer.

Jugendherbergen

Hat man einen **internationalen Jugendherbergsausweis** aus dem Heimatland, schläft man auch bei den schwedischen Jugendherbergen zum günstigeren Tarif, sonst muss man eine Tagesmit-

got_054 Foto: rk

Campingplätze
Gotska Sandö
Fårö
Sundersand
Solhaga
Hallshuk
Kappelshamn
Fårösund
Lickershamn
Hangvar
Rute
Stenkyrka
Lummelunda
Lärbro
Hellvi
Tingstäde
Slite
Snäck
Slite
Visby
Bro
Bäl
Kneippbyn
Hejdeby
Åminne
Vibble
Ekeby
Gothem
Träkumla
Dalhem
Tofta
Roma
Tofta
Björke
Sjonhem
Anga
Västergarn
Väte
Vänge
Kräklingbo
Sanda
Guldrupe
Ala
Östergarn
Warfsholm
Buttle
Klintehamn
Etelhem
Alskog
Ljugarn
Fröjel
Ljugarn
Lojsta
Garde
Levide
Lau
Sproge
Hemse
Alva
Hablingbo
Ronehamn
Havdhem
Grötlingbo
Näs
Fidenäs
Burgsvik
Öja
Vamlingbo
Hamra
Sundre
0
20 km

gliedschaft erwerben. Die Jahresmitgliedschaft bei den Jugendherbergsverbänden daheim kostet 12–20 Euro in Deutschland (www.jugendherberge.de), 10–20 Euro in Österreich (www.oejhv.or.at) und 22–55 SFr in der Schweiz (www.youthostel.ch). Tipp: Kann man auch als Familie beantragen. Es gibt ein halbes Dutzend Jugendherbergen, die dem schwedischen Jugendherbergsverband angeschlossen sind, und noch gut 15 weitere private. Jugendherbergen sind übrigens nicht nur für Jugendliche gedacht, auch „Erwachsene" können hier jederzeit übernachten. Folgerichtig heißt das schwedische Wort für Jugendherberge wörtlich übersetzt auch „Wandererheim".

Preise: Je nach Ausstattung der Herberge bekommt man ein Bett ab ca. 150 SEK, in Visby je nach Saison ab 200 bzw. 300 SEK.

Camping

Campingplätze

Wer der Natur nahe sein will, kann auch auf einem der vielen Campingplätze übernachten. Für Touristen, die ihren Standort in der Umgebung von Visby wählen wollen, kommen **Visby Strandby,** Snäckgärdsvägen, Tel. (0498) 203300, wenige Kilometer nördlich der Stadt, oder südlich **Kneippbyns Camping,** Tel. (0498) 296150, in Frage. Dieser Platz ist der „luxuriöseste" auf der Insel und liegt beim Ferienland Kneippbyn. Da er sehr viel von Familien mit Kindern genutzt wird, empfinden ihn manche ältere Reisende als zu laut. Bei Klintehamn kann man bei **Tofta Camping,** Tel. (0498) 297102, und bei **Warfsholm Camping,** Tel. (0498) 240010, an der Jugendherberge gelegen, zelten und seinen Wohnwagen abstellen. Die Ausstattung ist einfach, die Lage dafür sehr schön. Ganz im Süden liegt **Fidenäs Camping,** Tel. (0498) 483910, im Osten bieten sich der 2-Sterne-Platz in **Ljugarn,** Tel. (0498) 493117, oder die etwas besser ausgestatteten Plätze in **Åminne,** Tel. (0498) 34011, oder **Slite,** Tel. (0498) 220830, an.

Besonders der Platz in Åminne ist wegen seiner Lage direkt am breiten Sandstrand sehr beliebt. Im Nordwesten liegt die Ferienhaussiedlung **Lickershamn,** Tel. (0498) 272430, der auch ein Campingplatz angeschlossen ist, und auf Fårö kann man bei **Solhaga Camping,** Tel. (0498) 224143, unterkommen.

Wildes Zelten

„Wildes Zelten" ist in Gotland durchaus möglich und durch das **Jedermannsrecht** (swe. *allemansrätten*) auch toleriert. Wer das vorhat, sollte sich aber über die Do's and Dont's vorab genau informieren und in diesem Buch die Ausführungen im Kapitel „Umwelt und Naturschutz" über allemansrätten unbedingt durchlesen. Klar sollte in jedem Fall sein, dass man seinen Campingplatz in demselben Zustand verlässt wie man ihn vorgefunden hat. Abfall darf weder liegen gelassen noch vergraben werden, sondern muss ohne Wenn und Aber wieder mitgenommen werden.

Campen außerhalb der Sichtweite von bewohnten Häusern ist für eine Nacht erlaubt. Gruppen benötigen dafür jedoch in jedem Fall die Erlaubnis des Grundeigentümers! Wollen Sie in der Nähe eines Hauses zelten oder länger als eine Nacht an einem Standort bleiben, müssen Sie ebenfalls die Erlaubnis des Eigentümers einholen.

Wohnwagen und -mobil

Besondere Rücksichtnahme ist beim Campen mit Wohnwagen oder Wohnmobil geboten, denn das ist **nur am Rande von Straßen** erlaubt – und auch dort nur, wenn man damit gegen keine Verkehrsvorschrift verstößt und den Verkehr nicht behindert. Das Abstellen von Wohnmobilen auf Privatgelände ist strengstens verboten!

● **Weitere Infos:**
www.naturvardsverket.se/allemansratten

Versicherungen

Zum Thema Auslandskrankenversicherung siehe Kapitel „Gesundheit".

Egal welche Versicherungen man abschließt, hier ein Tipp: Für alle abgeschlossenen Versicherungen sollte man die **Notfallnummern notieren** und mit der Policenummer gut aufheben! Bei Eintreten eines Notfalles sollte die Versicherungsgesellschaft sofort telefonisch verständigt werden!

Ist man mit einem Fahrzeug unterwegs, ist der **Europaschutzbrief** eines Automobilclubs eine Überlegung wert. Wird man erst in der Notsituation in der Schweiz Mitglied, gilt diese Mitgliedschaft auch nur für dieses Land, und man ist in der Regel verpflichtet, fast einen Jahresbeitrag zu zahlen, obwohl die Mitgliedschaft nur für einen Monat gültig ist!

Ob es sich lohnt, weitere Versicherungen abzuschließen wie eine Reiserücktritts-, Reisegepäck-, Reisehaftpflicht- oder Reiseunfallversicherung, ist individuell abzuklären. Gerade diese Versicherungen enthalten viele Ausschlussklauseln, sodass sie nicht immer Sinn machen.

got_058 Foto: rk

Land und Natur

Geografie und Geologie

Zweitgrößte Insel der Ostsee

Abgesehen von Seeland ist Gotland mit einer Fläche von **3140 Quadratkilometern** die größte Insel der Ostsee. Sie ist 125 Kilometer lang und misst an der breitesten Stelle 53 Kilometer. Die höchste Erhebung beträgt lediglich 82 Meter. **Die Natur ist abwechslungsreich.** Egal ob karge Heideflächen oder grüne Wiesen, steile Felsküsten oder badefreundliche Sandstrände, Wälder oder Seen – Gotland hat alles zu bieten. Eine Besonderheit sind die so genannten **Raukar,** bizarre Felsgebilde, die von Wind und Wetter im Laufe der Jahrtausende geschaffen wurden und die wie Wesen aus einer anderen Welt in Meeresnähe stehen.

Entstehung der Insel

Der folgende kurze Einblick in die Geologie wird Fachleute sicher nicht befriedigen können. Er gibt aber doch einen Überblick über die Entstehungsgeschichte der Insel, die während der Silurzeit vor etwa 400 Millionen Jahren ihren Anfang nahm. Damals bildete das heutige Skandinavien zusammen mit dem europäischen Teil Russlands einen eigenen Kontinent, der aber nicht im hohen Norden, sondern auf Höhe des Äquators lag. Wie man heute weiß, besteht die Erde nicht aus einem zusammenhängenden Stück, sondern aus verschiedenen Platten, die sich um ungefähr 15 Zentimeter pro Jahr gegeneinander verschieben. Im Laufe der Jahrmillionen wanderte Gotland auf diese Weise in Richtung Norden.

Kalkstein und Mergel

Die Insel besteht vor allem aus Kalkstein und Mergel (= eine Mischung aus Kalk und Ton), Gesteinsarten, die im Silur gebildet wurden. Abgestorbene Meerestiere bildeten damals Ablagerungen auf dem Meeresboden und wurden im Laufe der Zeit

Rauk im Naturreservat St. Olofsholm
(im Hintergrund die Insel Ytterholm)

got_061 Foto: rk

zusammengedrückt und dadurch härter. Da Kalkstein härter ist als Mergel, bestehen die höher gelegenen Teile der Insel meist aus diesem Gestein. Mergel verwittert dagegen leicht und bildet die Grundlage für den fruchtbaren Ackerboden. Deswegen findet man die fruchtbarsten Felder meist in tieferen Lagen.

Eiszeiten

Die „jüngere" geologische Geschichte, die vor ca. 1,65 Millionen Jahren begann, wurde im Norden durch drei Eiszeiten geprägt. Damals verschwand auch Gotland unter dem Eis. Erst zum Ende der letzten Eiszeit vor etwa 11.500 Jahren tauchte Gotland wieder auf – allerdings lugten damals nur die höchsten Teile der Insel als kleine und kahle Eilande aus dem Wasser. Als im Laufe der Zeit das Eis abschmolz und somit der Druck nachließ, hob sich das Land und immer größere Teile der Insel „entstiegen" dem Wasser. Übrigens: Die **Landhebung** ist auch heute noch nicht abgeschlossen, Gotland hebt sich immer noch um einige Millimeter pro Jahr aus dem Wasser.

Raukar

Die Raukar, die bizarren **„Steinskulpturen",** die schon *Carl von Linné* mit Verwunderung betrachtete und mit „Statuen, Pferden und allerlei Geistern und Teufeln" verglich, entstanden erst nach der letzten Eiszeit und sind ein Produkt von Wind und Wetter. Die härteren Teile, eine besonders widerstandsfähige Kalksteinart, blieben in teilweise abenteuerlichen Formen stehen, die weicheren verwitterten und wurden im Laufe von Jahrtausenden ausgespült.

Eine Karte mit den schönsten Raukar findet sich im Kapitel „Sport und Erholung".

Fossilien

Wegen seiner geologischen Geschichte ist Gotland eines der besten Fundgebiete für Fossilien. Am häufigsten findet man **Korallen,** die in der Zeit des Silur, als das Klima allgemein warm und feucht war, besonders reichhaltig vorkamen. Außerdem schneckenähnliche **Gastropoden** und Bivalvia, eine frühzeitliche **Muschel.** Bestimmte Strände gelten bei Fossiliensammlern als besonders Erfolg versprechend, so zum Beispiel Ireviken an der Westküste, Snäckgärdsbaden und Röver Liljas Höhle südlich von Högklint, Klinteberget in der Nähe der Kirche von Klinte und Djupvikstrand bei Fröjel. Im Süden der Insel werden Fossiliensammler vor allem bei Kettelvik und Hoburgen fündig. Auch Broa auf Fårö und Gothemshammar bei Gothem sind ergiebige Fundorte. Da die Gegend um das heutige Gotland besonders reich an Fossilien aus der Silur-Zeit ist, wird diese Epoche auch Gotlandium genannt.

Noch ein Hinweis: Das Sammeln von Fossilien ist legal – verboten ist allerdings das Aufschlagen von Gestein zur Fossiliensuche und auch das Fossiliensammeln in Naturschutzgebieten.

Klima

Mildes Klima

Wegen seiner Lage inmitten der Ostsee wird Gotland von einem ungewöhnlich milden Klima verwöhnt. Im Vergleich zum südschwedischen Festland zählt man nur 100 anstelle von 150 Frostnächten pro Jahr. Auch was die Anzahl der Sonnenstunden und die Höhe der Temperatur anbelangt, findet man Gotland auf einem Spitzenplatz im innerschwedischen Vergleich. Ganz unten liegt Gotland, was die Niederschlagsmenge betrifft. Das Inselinnere weist mit einer Jahresniederschlagsmenge von 550 Millimetern zwar noch durchschnittliche Werte auf, aber an der Küste misst man stellenweise nur um die 430 Millimeter – eine für Schweden extrem niedrige Menge.

Vgl. zum Thema auch das Kapitel „Reisezeit“, dort ist eine Klimatabelle abgebildet.

Flora

Insel der Rosen

Gotland ist auch unter dem Namen „Insel der Rosen" bekannt, und dementsprechend blühen im Spätsommer überall auf der Insel, aber vor allem in den engen Gassen der Hauptstadt Visby, die Blumen der Liebe. Doch auf Grund ihres milden Klimas und fruchtbaren Bodens hat die Insel dem Pflanzenfreund weit mehr zu bieten.

Wer im Frühsommer nach Gotland kommt, betritt eine blühende Insel. Da der Übergang zwischen Winter und Sommer nur sehr kurz ist, scheinen die Pflanzen die Frühlingssonne regelrecht aufzusaugen. Innerhalb weniger Tage verwandelt sich die karge Winterlandschaft in ein üppiges Blumenmeer. Vor allem stechen dann die üppigen **Fliederbüsche** ins Auge, die an den Rändern vieler Felder und in fast allen Gärten ihren Platz haben. Bemerkenswert ist die Vielzahl der **Orchideenarten,** die auf der Insel gedeihen – Botaniker haben 36 davon gezählt. Dem Laien mögen die Namen nur wenig sagen, Orchideenfreunde aber

got_064 Foto: rk

spitzen die Ohren, wenn sie hören, dass hier Knabenkraut und Händelwurz, Hohlzunge und Waldhyazinthe, Fliegenragwurz und Waldvögelein, Stendelwurz und Zweiblatt, Vogelnestwurz, Korallenwurz und sogar der seltene Frauenschuh wachsen. Die Blütezeit der Orchideen erstreckt sich von Mitte Mai bis Mitte August. Weniger selten als Orchideen, aber mit seinem satten Rot genauso schön ist der **Mohn,** den man im Sommer vielerorts auf der Insel leuchten sehen kann.

Seit einigen Jahren wird auf Gotland **Wein** angebaut, und vereinzelt sollen sogar **Pfirsiche** wachsen. Besonders stolz sind die Gotländer auf ihre **Kartoffeln,** die wegen des kalkhaltigen Bodens einen ganz vorzüglichen Geschmack haben.

Im Frühjahr wird Gotland zur blühenden Insel:
Küchenschellen (li.) und Akeleien (oben)

Fauna

National-tier Igel

Die schlechte Nachricht zuerst: Der bei deutschen Touristen so beliebte Elch ist auf Gotland nicht heimisch. Auch sonst gibt es nur sehr wenige Säugetierarten. Das „Nationaltier" ist der Igel, der hier häufiger vorkommt als in jedem anderen Teil Schwedens. Zum Wettrennen mit ihm kann auch auf Gotland der Hase antreten, der hier ebenso durch die Landschaft hoppelt wie das Wildkaninchen. Aufpassen müssen sie dabei lediglich auf zwei Feinde, den Fuchs und das Auto.

Vögel

Viele Vögel brüten auf Gotland, so beispielsweise auch der „Nationalvogel" der Insel, der **Halsbandschnäpper** (swe. *Halsbandsflugsnappare*). Andere, wie etwa Kanadagänse, wählen die Insel als Zwischenstation auf ihren Zügen in den Süden. Die Gotland vorgelagerte kleine Insel Stora Karlsö ist für Ornithologen besonders interessant, weil sich dort einer der größten Brutplätze der Trottellumme befindet.

Umwelt- und Naturschutz

Umwelt- und Naturschutz wird in Schweden groß geschrieben. Dies trifft auch für Gotland zu, wo man sich für die nächsten Jahre besonders ehrgeizige Ziele gesteckt hat, was die Energie- und Umweltpolitik betrifft. Mülltrennung beispielsweise ist in gotländischen Haushalten schon lange eine Selbstverständlichkeit.

Erneuerbare Energien

Das Fernwärmenetz von Visby wird heute zu 95% mit erneuerbarer Energie versorgt. Als Brennstoff dienen hauptsächlich „Hackschnitzel", Restprodukte aus der Sägewerksindustrie. Außerdem wird die Fernwärmeanlage mit dem Biogas einer stillgelegten Müllhalde sowie von der städtischen Kläranlage beheizt. Auch die Wärme des Meerwassers wird zu Heizzwecken genutzt. Anlass für den Bau des Fernwärmenetzes in den achtziger Jahren des 20. Jahrhunderts waren Überlegungen, die nicht nur den Umwelt-, sondern auch den **Denkmalschutz** zur Grundlage hatten. Die meisten Gebäude der Altstadt von Visby sind nämlich aus gotländischem Kalkstein erbaut, und diese Gesteinsart reagiert besonders anfällig auf Emissionen, die bei der Verbrennung fossiler Brennstoffe entstehen. Konkret hieß dies, dass die historische Bausubstanz extrem vom Verfall bedroht war.

Windkraft

Überall auf Gotland stehen alte Mühlen, denn Windkraft wurde hier schon lange genutzt. Deren Räder drehen sich zwar heute nicht mehr, dafür sind aber inzwischen 160 Windkraftanlagen auf der Insel entstanden, die pro Jahr 150 GWh Strom produzieren und 20% des auf Insel verbrauchten Stroms liefern. Die größte Windkraftanlage mit über 80 „Windrädern“ liegt in Näsudden an der Südwestküste Gotlands. Von hier aus kann man auch die erste **Off-shore-Windkraftanlage** vor der Küste Schwedens sehen. Sie ist ein Produkt von Überlegungen, dass Windkraft, die man an Land gewinnt, ebenfalls negative Auswirkungen auf die Umwelt hat. Neben der optischen Beeinträchtigung durch die Windparks spielt vor allem der Gesichtspunkt der Lärmbelästigung eine Rolle. Wobei beide Punkte im relativ wenig besiedelten Gotland nur eine untergeordnete Rolle spielen. Schon heute deckt die Windenergie 20% des Energiebedarfs der Insel – ein Anteil, der weiter steigen soll. An der Fachhochschule Visby kann man sogar einen Studiengang zum Thema Windkraft belegen. Einige der Kurse werden auch im Fernstudium angeboten, so dass sich auch Studierende aus anderen Teilen Schwedens mit diesem Thema befassen können.

Abwasserreinigung

Schon von alters her wurde Gülle zur Düngung von Äckern verwendet. Die negativen Nebenwirkungen, etwa die Überdüngung von Gewässern, sind bekannt. Deswegen geht man in Gotland etwas anders vor. Es wurden große **Sammelbecken** angelegt, in denen die Abwässer von 5000 Personen und einer Molkerei gesammelt und mehrere Monate gelagert werden. In diesem Zeitraum sterben die gesundheitsschädlichen Bakterien auf natürliche Weise ab, und das Wasser kann zur Bewässerung der Felder benutzt werden.

Energie sparen steht auch bei vielen Einzelprojekten im Vordergrund. Die Stadt- und Hochschulbibliothek in Visby ist ein solches Beispiel. Hier wurde mit modernster Technik ein Gebäude konstruiert, das mit minimalem Energieverbrauch auskommt. Kühlung und Heizung erfolgen durch ein System, bei dem sowohl das Wasser der nahen Ostsee als auch die Energie der Sonne genutzt werden.

In der Gemeinde Ihre nördlich von Visby experimentiert man mit der Verwendung von **Stroh als Baumaterial.** Ein Strohhaus, dessen Energieversorgung natürlich durch Sonnenenergie gesichert wird, steht dort bereits.

Jedermannsrecht

Zuletzt noch ein Blick auf das schwedische Jedermannsrecht (swe. **Allemansrätten**). Es gestattet jedem, sich frei in der Natur zu bewegen. Eingefriedetes Gelände darf dabei durchquert werden, wenn sichergestellt ist, dass die Umzäunung nicht beschädigt wird. Tore und Gatter müssen stets sorgfältig geschlossen werden, so dass kein Vieh entlaufen kann. Zäune von Hausgrundstücken dürfen keinesfalls überklettert werden!

Leider wird das Jedermannsrecht, gerade von deutschen Touristen, oft missbraucht. Abfälle werden zurückgelassen, die chemische Toilette des Wohnmobils wird im Wald „entsorgt", Vogelnester werden geplündert, seltene Pflanzen als „Sou-

Windräder bei Näsudden

venir" ausgegraben und und und. In den neunziger Jahren des 20. Jahrhunderts wurde deshalb im Schwedischen Reichstag bereits über die Abschaffung des Jedermannsrechts debattiert, und immer wieder wendet sich der Schwedische Touristenverband mit der Bitte an die deutsche Presse, Schweden-Besucher zu mehr Disziplin bei der Ausübung des Allemansrätt zu ermahnen. Einige schwedische Kommunen sind inzwischen dazu übergegangen, das wilde Campen und das Abstellen von Wohnmobilen auf Rastplätzen über Nacht zu verbieten. In Gotland ist beides noch nicht der Fall. Damit dies auch in Zukunft so bleibt, darf das Jedermannsrecht gerade von den Gästen des Landes nicht missachtet werden.

Pflanzenschutz

Wenn Sie wollen, dürfen Sie auch wilde Blumen und Beeren pflücken, Pilze sammeln und herabgefallene Zweige und Reisig auflesen. Nicht gepflückt werden dürfen natürlich alle unter Naturschutz stehenden Pflanzen! Dies trifft beispielsweise auf alle Orchideenarten zu, die auf Gotland wachsen.

Hunde

Wichtig für Hundebesitzer: Ihr Liebling darf Sie überall in der Natur begleiten, allerdings herrscht vom 1. März bis zum 20. August Leinenzwang.

got_069 Foto: rk

got_070 Foto: rk

Staat und Gesellschaft

Staatssymbol

Die gotländische **Flagge** zeigt einen stehenden Widder auf blauem Grund, der ein goldenes Kreuz mit roter Fahne trägt. Der Ursprung der Flagge geht auf das Jahr **1560** zurück, als Gotland zum dänischen Reich gehörte. Die Flagge wurde geschaffen, um die schwedischen Ansprüche auf die Insel deutlich zu machen. Sie zeigte einen silberfarbenen Widder auf rotem Grund, der die blau-gelbe schwedische Flagge trug. Die gegenwärtige Version wird seit dem **15. Mai 1936** benutzt, als Gotland eine Flagge mit dem Motiv des Widders auf blauem Grund von König *Gustav V.* überreicht wurde.

Geschichte

Erste Besiedlung

Gota-Sage

Laut Gota-Sage, in der im **13. Jahrhundert** die Geschichte der Goten niedergeschrieben wurde, war **Tjelvar der erste Gote.** Die Geschichte erzählt, dass er zusammen mit seiner Familie auf die damals verzauberte Insel kam, welche nur nachts dem Meer entstieg und bei Tagesanbruch wieder versank. Dadurch, dass er das Feuer nach Gotland brachte, konnte er diesen Fluch lösen und verhindern, dass die Insel allmorgendlich aufs Neue unterging. Die ersten Zeilen der Gota-Sage lauten denn auch wie folgt: „Gotland war von dunklen Mächten heimgesucht, so dass es am Tag im Meere versank und ihm in der Nacht wieder entstieg. Aber dieser Mann (gemeint ist Tjelvar) brachte als erster das Feuer auf die Insel, die fortan nie mehr unterging.“

Der Widder, das gotländische „Flaggentier“

Obwohl man bei Åminne eine Schiffssetzung (Grab) besichtigen kann, in der angeblich *Tjelvars* Leichnam begraben liegen soll, sieht die historische Wahrheit doch etwas anders aus.

Anfänge der Besiedlung

Vor etwa 8000 Jahren kamen die ersten Menschen nach Gotland. Die Landschaft, die sie antrafen, ist mit der heutigen kaum vergleichbar. Die Insel war deutlich kleiner, Buchten und Landzungen viel markanter. Ganz im Norden gab es zumindest andeutungsweise einen Schärengarten, die Meeresoberfläche lag im nördlichen Gotland 25 Meter und im südlichen Gotland 10 Meter höher als heute. Moore, Binnenseen, Flüsse und Bäche belebten das Landesinnere. Das Klima war wesentlich wärmer und feuchter, und die Neuankömmlinge hatten keine Schwierigkeiten, sich aus dem reichhaltigen Angebot der Natur zu ernähren. Neben dem **Sammeln** von Früchten, Beeren und Nüssen betrieben sie vor allem Fischfang und gingen auf die Jagd. Die Vögel in den Wäldern und an den Stränden waren leichte Beute für die geschickten **Jäger.** 500 bis 1000 Menschen lebten damals auf der Insel. In der Nähe von Bunge, Lärbro und Gothem haben Archäologen Überreste von einfachen Siedlungen aus jenen Tagen gefun-

got_073 Foto: rk

den. Im Laufe der Zeit wurde das Klima rauer, und die Natur warf nicht mehr genug Nahrung für alle ab. Deswegen begannen die Menschen ungefähr **4000 Jahre vor unserer Zeitrechnung** mit dem Anbau von Nutzpflanzen und der Tierhaltung – die ersten gotländischen **Bauern** waren geboren. Allerdings vollzog sich der Übergang zur Ackerbaugesellschaft in Wellen, denn immer, wenn sich das Klima verbesserte, kehrten die Bauern wieder zu Jagd und Fischfang zurück. Schon damals lebten die Gotländer nicht isoliert von der Außenwelt. Vielmehr hatten sie bereits **Kontakt mit anderen Völkern** rund um die Ostsee und betrieben mit ihnen Handel. Mit den sehr einfachen Booten der damaligen Zeit konnten die Menschen die Ostsee nicht ohne Zwischenstopp überqueren – egal welches Ziel sie hatten, sie mussten Gotland anlaufen –, und so entwickelte sich die Insel schon bald zu einem wichtigen Handelsplatz.

Bronzezeit

Auch während der Bronzezeit, die in Schweden erst **um 1800 v. Chr. begann,** war Gotland ein wichtiger Handelsplatz. Darauf weisen die etwa 500 Funde aus dieser Zeitperiode hin, die man auf der Insel gemacht hat. Nach Schonen ist Gotland damit die schwedische Region mit der höchsten Zahl an Funden aus der Bronzezeit. Die vielen riesigen **Grabhügel** aus Feldsteinen und Kalksteinbrocken stammen ebenfalls aus der Bronzezeit. Nur wenige von ihnen wurden bis jetzt untersucht, einen Schatz jedenfalls hat man in keinem gefunden, sondern lediglich kleinere Schmuckstücke wie Nadeln und Bronzespangen. Über 500 Jahre lang fanden die führenden Männer und Frauen der gotländischen Gesellschaft ihre letzte Ruhe in Grabhügeln.

Etwa 1000 Jahre vor dem Beginn unserer Zeitrechnung fingen die Gotländer dann an, ihre verstorbenen Angehörigen zu verbrennen und deren sterbliche Überreste in so genannten **Schiffssetzungen** zu begraben. Mit Hilfe eines solchen „Schiffes" konnte dann der Verstorbene ins Jenseits hinübergleiten. Obwohl die Schiffssetzungen bis zu 45 Meter lang sind, wurde meist nur eine Person in ihnen bestattet. Deswegen nimmt man heute an, dass nur besonders einflussreiche und mächtige Personen zu der Ehre eines so aufwendigen Begräbnisses kamen. Die meisten der über 350 Schiffssetzungen in Gotland stammen aus der Zeit zwischen 1100 und 500 v. Chr. Besonders eindrucksvoll sind die in Gnisvärd und Gannarve, beide an der Westküste in der Nähe von Klintehamn gelegen.

Darüber, wie die Menschen in der Bronzezeit lebten, weiß man nur wenig. Welchem Glauben hingen sie an? Welche Götter verehrten sie, welchen Riten gingen sie nach? All diese Fragen versucht man heute durch die Interpretation von Grabbeigaben und Felsritzungen zu beantworten. So folgert man beispielsweise aus dem häufigen Vorkommen von Sonnensymbolen in den Ritzungen, dass die Menschen damals irgendeine Art von Sonnenkult praktizierten.

Eisenzeit

Von 500 v. Chr. bis ins 11. Jahrhundert hinein spricht man von der skandinavischen Eisenzeit. Die ersten Eisenwaren, die man auf Gotland benutzte, waren alle importiert, und es dauerte etwa 200 Jahre, bis die Gotländer selbst die Herstellung von Eisen beherrschten. In jenen Tagen, als sich das Klima verschlechterte, wurde es zwingend notwendig, Vorräte für den Winter anzulegen. Auch die Schafzucht wurde immer wichtiger, denn die Wolle der Tiere brauchte man dringend, um warme Winterkleidung herzustellen. Die Wirtschaft basierte auf Fleisch, Wolle, Häuten, Leder, Milch, Knochen und Horn. Sogar Käse wurde hergestellt. Die Bedeutung des Getreides stieg erst in

got_076 Foto: rk

den Jahrhunderten nach Christi Geburt. Auf ihren Äckern bauten die Bauern Gerste, Roggen und Weizen an.

Römischer Einfluss

Obwohl die Nordgrenze des Römischen Reiches weit südlich von Gotland verlief, hatten die Römer auch hier großen Einfluss. Einerseits lernten die Gotländer von der damals überlegenen Technik der Römer, andererseits spielte der **Handel** ein große Rolle. Vor allem Häute, Wolle und Eisen, aber auch Pferde und Sklaven waren bei den Römern gefragte Handelswaren. Die Römer tauschten dafür Luxuswaren wie zum Beispiel Bronzeschalen, Weinkellen, Glas sowie Gold- und Silbermünzen ein. Wie wichtig die Insel als Handelsplatz in römischer Zeit war, wird durch die Tatsache belegt, dass mehr als 70% aller römischen

Bildstein (verzierter Runenstein) an der Kirche von Bro

Münzen, die man in Nordeuropa entdeckte, aus Gotland stammen. Durch die Verbindungen mit den Völkern des Mittelmeeres kamen die Gotländer auch mit der **Schrift** in Kontakt. Eine der ältesten Runeninschriften Schwedens steht auf einer Speerspitze, die in der Nähe von Stenkyrka im Nordwesten Gotlands gefunden wurde. Sie wurde auf das 3. oder 4. Jahrhundert n. Chr. datiert.

Gefährdeter Wohlstand

Die erste Hälfte des ersten Jahrtausends stand im Zeichen des wirtschaftlichen Aufstiegs der Insel. Der Handel führte zu Wohlstand und Reichtum, und der wiederum ließ andere Völker begehrliche Blicke in Richtung der Insel werfen. Ungefähr **500 Jahre nach Beginn unsere Zeitrechnung** wurde Gotland vermutlich von einer großen Welle von **Plünderungen und Verwüstungen** überrollt. Dies schließt man daraus, dass die meisten Gebäudeüberreste, die man aus dieser Zeitperiode gefunden hat, Anzeichen von Brandschatzungen und gewaltsamer Zerstörung zeigten.

Übervölkerung

Auch die **Gota-Sage** berichtet für diesen Zeitraum von großer Not auf der Insel. Sie gibt als Begründung aber eine Übervölkerung an, die dazu führte, dass jeder dritte Einwohner **durch Losentscheid zur Auswanderung gezwungen** wurde. Die dazu Verurteilten wollten aber nicht freiwillig gehen und verschanzten sich der Sage zufolge hinter den großen Mauern der Torsburg. Viel half ihnen das aber nicht, denn schließlich wurden sie doch verjagt – zunächst auf die Nachbarinsel Fårö, danach auf die estnische Insel Dagö, und schließlich mussten sie quer durch Russland bis nach Konstantinopel fliehen. So jedenfalls die Sage, deren Erzählungen aber heute von der Wissenschaft widerlegt zu sein scheinen.

Vendel-Zeit

In der Vendel-Zeit, **zwischen 550 und 800,** wurde der Handel mit dem Baltikum weiter ausgebaut, und der Wohlstand nahm allmählich wieder zu.

Jetzt gingen auch die Gotländer, die kurze Zeit zuvor noch selbst Opfer von Überfällen geworden waren, mit dem Schwert auf Reise. Denn es wurde auf den Fahrten nicht nur ge- und verkauft, sondern mitunter auch geraubt. Aus dieser Zeit stammen die großen **Bildsteine.** Sie waren sparsam mit Wirbelrädern, Ruderschiffen, Spiralen und einfachen Tierbildnissen ausgeschmückt. Diese Motive waren wichtige Elemente der damaligen religiösen Zeremonien. Einer der sehenswertesten Bildsteine steht heute in Ardre.

Bündnis mit dem Svea-Reich

Im 8. Jahrhundert schlossen die Gotländer ein Militärbündnis mit dem damals in der Region dominierenden Svea-Reich. Im Wesentlichen sah dieser Schutzbund so aus, dass die Inselbewohner Steuern abführten und dafür sicher vor Überfällen waren. Die Gota-Sage erzählt dazu: „So unterstellten sich die Gotländer aus eigenem freien Willen dem König des Svea-Reiches, damit sie frei und ohne jede Gefahr in alle Orte des Svea-Reiches fahren konnten, ohne dass sie dafür Zoll oder andere Abgaben bezahlen mussten ... Schutz und Hilfe sollte der König den Gotländern gewähren, wenn diese solche benötigten, und er konnte dies auch von ihnen verlangen."

Wikinger

Zwischen 800 und 1100 war in Schweden und somit auch auf Gotland die Zeit der Wikinger. Als tapfere, aber auch brutale **Krieger** sind sie allseits bekannt, was man weniger weiß, ist, dass sie auch geschäftstüchtige **Händler** waren. Die gotländischen Wikinger zogen vor allem in Richtung Osten und hielten intensive Handelskontakte mit Russland – die weitesten Handelsfahrten führten bis Kiew und sogar nach Konstantinopel. Doch nicht alle Wikinger waren mit den Schiffen auf Handels- und Plünderfahrten unterwegs. Im Gegenteil, die Mehrzahl der damals etwa 20.000 Inselbewohner ging dem unspektakulären Beruf des **Bauern** nach. Vor allem wurden damals Gerste,

Weizen, Roggen, Hafer, Hanf und Flachs angebaut. Das wichtigste Nutztier war das Schaf, aber gehalten wurden auch Schweine und Rinder. Pferde wurden als Zieh- und Reittiere genutzt, außerdem war es ein wichtiges Statussymbol und ein zentraler Bestandteil des Kultes.

Die Gotländer waren damals vermögend, aber anders als heute trugen sie ihre Schätze nicht auf die Bank, sondern vergruben sie im Erdreich. Die Wissenschaft rätselt darüber, warum sie dies taten und vor allem warum viele der **vergrabenen Schätze** nicht mehr ausgegraben wurden. Aus der Prägung der Münzen geht hervor, dass die Gotländer ihre Schätze in der Zeit **von 800 bis 1150** vergruben. In den ersten zwei Jahrhunderten, bis ungefähr 970, dominiere arabische Münzen, danach englische und deutsche. Nach 1050 nimmt die Zahl der Schätze ab, ihr Umfang aber wird größer. Noch heute kann es passieren, dass ein Bauer beim Umackern seiner Felder auf einen Tonkrug mit hunderten von Münzen stößt. Allerdings hat der Finder daran nur begrenzte Freude, denn jeder Fund muss bei den Forschern des Läns-Museums abgeliefert werden. Um die Schatzsuche zu verhindern, ist heute die Benutzung von Metalldetektoren auf Gotland verboten!

Christianisierung

1029 gilt als Jahr der Christianisierung. Damals kam der norwegische König *Olaf Haraldsson* (später auch als **Olaf der Heilige** bekannt) auf die Insel und bekehrte die damals mächtigsten Inselfürsten. Allerdings hatten sich schon einige der Inselmächtigen vor Olafs Ankunft dem Christentum zugewandt, so dass der König leichtes Spiel hatte. So jedenfalls berichtet es die Gota-Sage. Andere historische Quellen sprechen allerdings davon, dass Olaf das Christentum mit dem Schwert auf die Insel brachte. Die heutige Wissenschaft hält mit einer Theorie dagegen, die den weniger spektakulären Standpunkt vertritt, dass das Christentum schlicht durch die vielen Handelsreisenden auf die Insel gebracht wurde. Nun, zumindest über das Datum der Christianisierung sind sich Gota-Sage und moderne Wissenschaft einig.

Mittelalter

Im Norden dauerte das Mittelalter **von etwa 1050 bis 1525,** von der Annahme des Christentums bis zur lutherischen Reformation.

Aufschwung

Gotland war schon immer ein wichtiges Handelszentrum, und diese Position festigte die Insel im Laufe des Mittelalters zunehmend. Besonders die deutschen Kaufleute waren sehr interessiert am Handel mit Gotland und daran, die Insel als Basis für den äußerst lukrativen Austausch mit Russland zu benutzen. Gotland erlebte in der Zeit von **Mitte des 12. bis Mitte des 14. Jahrhunderts** einen enormen wirtschaftlichen Aufschwung und gehörte zu den wohlhabendsten Regionen Europas. Dies zeigt sich übrigens auch daran, dass es zu einem schier unglaublichen **Boom im Kirchenbau** kam und sich jede auch noch so kleine Landgemeinde eine Steinkirche leistete. Damals wurden im Laufe von 200 Jahren mehr als 100 Kirchen errichtet. Auch die einfachen **Bauern** lebten im Mittelalter unter besseren Bedingungen als ihre „Kollegen" andernorts. Sie **waren frei,** sie führten ihre Höfe ohne einen fordernden Adligen über sich, sie konnten im nahen Meer fischen, und wenn sie einen Überschuss produzierten, konnten sie ihre Waren problemlos verkaufen.

Aufstieg Visbys

Auf der Insel gab es damals mehrere wichtige Handelsorte, zu denen auch Visby gehörte. Noch aber war die Stadt nur eine unter vielen. Erst **um 1150,** als hier ein Freihafen für ausländische Kaufleute eröffnet wurde, begann die rasante Entwick-

Teilnehmerinnen der Mittelalterwoche in Visby

lung Visbys zu einer der wichtigsten Städte Nordeuropas. Allerdings vollzog sich dieser Aufstieg völlig unabhängig vom Geschehen auf der übrigen Insel. Visby wurde nicht die Hauptstadt des Inselreichs, sondern zu einem Konkurrenten. Dieser Zustand verstärkte sich im Laufe der folgenden Jahrhunderte, denn schon bald stellten zugewanderte deutsche Hanse-Kaufleute die Mehrheit der Stadtbevölkerung. Allmählich wurde auch der wirtschaftliche Unterschied zwischen Land und Stadt immer größer: Während Visby als Handelsmetropole reicher wurde, kam der wirtschaftliche Aufschwung im Rest der Insel zum Stillstand. Die große Stadtmauer, die vermutlich zwischen 1250 und 1288 erbaut wurde und bis heute in Gänze erhalten ist, wurde nicht gegen äußere Feinde errichtet, sondern zum Schutz Visbys vor der „Inselrepublik".

Bürgerkrieg

1288 schließlich ließen sich die immer wieder aufkeimenden Konflikte nicht mehr lösen, und es kam zum Bürgerkrieg. Auslöser war das **Handelsprivileg,** das Visby für sich beanspruchte, das die Landstädte aber nicht beachteten. Über den genauen Verlauf der Kämpfe ist nur wenig bekannt,

got_081 Foto: rk

dass die Städter aber schließlich die Oberhand behielten, ist gesicherte Tatsache. Wie so oft, zeigte sich auch hier, dass die Sieger ihren Triumph nicht uneingeschränkt genießen konnten. Auch das siegreiche Visby war durch den Krieg geschwächt, was sich der **Schwedenkönig Magnus Ladulås** zunutze machte. Er zwang die Kaufleute der Stadt, ein Dokument zu unterschreiben, in dem sie die Schuld am Ausbruch des Krieges auf sich nehmen und auch zugeben mussten, dass sie die Stadtmauer ohne Zustimmung des Königs errichtet hatten. Natürlich war *Magnus Ladulås* kein Gerechtigkeitsfanatiker, der sich auf die Seite der unterdrückten Landbevölkerung stellte. Ihm ging es allein um Macht und Geld. Und deswegen musste Visby hohe Geldstrafen bezahlen und sich zwangsweise weiter an das Schwedenreich annähern. Dadurch wiederum wurde die Spaltung zwischen Stadt und Land noch weiter zementiert. Trotzdem gewährte das Schicksal der Insel eine letzte Schonfrist; Gotland waren noch einmal fast 80 Jahre mit Wohlstand und wirtschaftlichem Aufschwung gegönnt. Doch anstatt diese Zeit für die Aussöhnung zwischen Stadt und Land zu nutzen, vertieften sich die Gräben zusehends. Als der **dänische König Valdemar Atterdag 1361** zur **Eroberung Gotlands** ansetzte, traf er auf eine tief zerstrittene Inselbevölkerung. Der hoch gerüsteten Armee des Königs stellte sich ein Bauernheer von 1800 kaum bewaffneten Soldaten entgegen. Ohne Unterstützung der Städter, die das Gemetzel vom sicheren Ausguck ihrer Stadtmauer mit ansahen, hatten die Bauern keine Chance und wurden bis auf den letzten Mann vernichtet. Vielleicht hätte ein Bündnis von Stadt und Land dem Dänenkönig Einhalt gebieten können, so aber war die ganze Insel eine leichte Beute, denn natürlich machte *Valdemar Atterdag* nicht vor den Toren Visbys kehrt, sondern erzwang nach einer Belagerung die Übergabe der Stadt. Lange hat man angenommen, dass die Stadtbevölkerung von sich aus die Stadttore öffnete und eine Plünderung in Kauf nahm, nachdem *Atterdag* versprochen hatte, niemanden zu töten. Inzwischen aber setzt sich mehr und mehr die Ansicht durch, dass die Dänen gar keine Drohung anwenden mussten und es auch zu keiner Plünderung kam. Vielmehr hatten die Visbyer Kaufleute angenommen, sie könnten auch unter dem Dänenkönig weiter unbehelligt Handel treiben. Doch die Zeit gotländischen Wohlstands ging mit dem Einzug der Dänen in Visby ein für alle Mal zu Ende. Dass dieser Niedergang nahezu von einem Tag auf den anderen kam, kann man am Kirchenbau ablesen. Alle Bauprojekte wurden unverzüglich eingestellt, Kirchen, die sich damals im Bau befanden, wurden nie fertig gestellt, und es dauerte bis ins 20. Jahrhundert, bis in Gotland die nächste Steinkirche errichtet wurde. Auch Steinhäuser, die in der Zeit der wirtschaftlichen Blüte auch auf dem Land zum Standard gehörten, verschwanden. Ab 1361 musste man sich wieder mit einfachen Holzhäusern bescheiden.

Unruhige Zeiten

Im Laufe der nächsten Jahrhunderte wurde Gotland zu einem wehrlosen Spielball fremder Mächte. Bis 1645 blieb es die meiste Zeit unter Dänenherrschaft, doch kam es immer wieder zu längeren Zwischenperioden, in denen andere Mächte das Sagen hatten. 1394 fielen die so genannten Vitalienbrüder über die Insel her. Das waren nichts anderes als rücksichtslose **Piraten** – zu denen übrigens auch *Klaus Störtebecker* gehörte –, die den abgesetzten König *Albrecht von Mecklenburg* gegen die neue Königin *Margarethe* unterstützten. 1398 wurde Gotland vom Deutschen Orden erobert und von der Herrschaft der Piraten befreit. Der Orden verkaufte die Insel aber zehn Jahre später wieder an *Margarethes* Nachfolger **Erich von Pommern.** Der zeigte in seinen politischen Entscheidungen wenig Geschick und verlor einen Krieg nach dem anderen. Schließlich wurde er als

Unionskönig abgesetzt und floh nach Gotland. Wenn die Gotländer bis dahin gedacht hatten, es ginge ihnen schlecht, lernten sie jetzt wirkliche Not kennen. Um die **Burg Visborg** in der Nähe von Visby errichten zu können, belegte Erich die Inselbewohner mit horrenden Steuern und zwang sie zur Fronarbeit. Außerdem terrorisierte er die gesamte Ostsee mit seiner Seeräuberflotte, die Jagd auf Handelsschiffe machte. Erst 1449 wurde *Erich von Pommern* aus Gotland vertrieben, und von da an führten wieder die Dänen das Regiment. Die Vertreter der dänischen Krone betrachteten Gotland mehr oder minder als ihr Privateigentum und entsprechend benahmen sie sich auch. Wie es ihren Untertanen ging, spielte für sie keine Rolle. Die Insel verarmte immer mehr, und aus der einst reichen Handelsniederlassung wurde das Armenhaus des Nordens. **Sören Norby** war einer der Vertreter des Königs und trieb es besonders schlimm. *Norby* war **1517** von König *Christian II.* eingesetzt worden und blieb auch im Amt, als der König wenig später abgesetzt wurde. Mit Gotland als Basis kämpfte er beharrlich für die Wiedereinsetzung *Christians.* Er beutete nicht nur die Gotländer aus, sondern etablierte ein kleines Seeräuberreich und ging vom Stützpunkt Visby aus immer wieder auf Kaperfahrten.

Irgendwann wurde dies den Handelskaufleuten zu viel. 1523 versuchte der schwedische König *Gustav Wasa,* zwei Jahre später die Flotte der Lübecker Handelskaufleute dem Treiben Einhalt zu gebieten. Beim Angriff der Lübecker wurden große Teile Visbys zerstört, einige Kirchen gingen in Flammen auf. Die Piraten wurden aus Gotland vertrieben, doch die Insel blieb noch mehr als 100 Jahre bei Dänemark. Erst als deren Großmachtzeit zu Ende und eine Provinz nach der anderen verloren ging, musste man auch Gotland **1645** im **Frieden von Brömsebro** an Schweden abtreten. Damals war Gotland aber so arm, dass sich die Schweden über ihren „Preis" nur beschränkt gefreut haben dürften. Außerdem stritten Stadt und Land nach wie vor um die Frage der Handelsrechte und blockierten sich so gegenseitig.

Schweden Anfänglich zeigte man in Stockholm kein großes Interesse an Gotland, doch allmählich erkannte man, dass nur ein wirtschaftlich starkes Gotland die ersehnten Steuern würde bezahlen können. Es wurde also ein regelrechtes Wirtschaftsprogramm ins Leben gerufen, und auf den Inseln wurden mehrere Industriebetriebe etabliert.

Dänemark **1676** eroberte dann noch ein letztes Mal Dänemark die Insel. Allerdings währte dieses Intermezzo nur drei Jahre und hatte auch kaum Auswirkungen auf die Bevölkerung. Bei ihrem erzwungenen Abzug sprengten die Dänen die Burg Visborg. Deren Überreste wurden in den folgenden Jahrhunderten als riesiger Steinbruch verwendet. Heute ist kaum mehr etwas vom einstigen Stolz *Erich von Pommerns* zu sehen.

Krieg mit Russland **Im 18. Jahrhundert** lag Schweden mit Russland im Krieg, und im Zuge dieser Auseinandersetzungen wurde auch Gotland in Mitleidenschaft gezogen; besonders die Ostküste war Angriffen der russischen Flotte ausgesetzt. Doch trotzdem ging es mit Gotland nun wieder allmählich bergauf. Nicht zuletzt, weil die Vertreter der schwedischen Krone auf der Insel zahlreiche Reformen durchsetzten. So wurde beispielsweise die Insel mit einem weit reichenden Straßennetz überzogen. Übrigens: Aus dieser Zeit stammen auch die „Meilensteine", die man heute noch vielerorts am Wegesrand sehen kann. Allerdings konnten sich nicht alle Neuerungen durchsetzen. So scheiterte beispielsweise der königliche Befehl, Kartoffeln anzubauen, an der Unkenntnis der Bauern, die den über der Erde wachsenden Teil der Pflanze ernteten und mit dessen Geschmack gar nicht zufrieden waren ...

Carl von Linné

Im Jahre **1741** erhielt die Insel berühmten Besuch. Der Botaniker *Carl von Linné* (siehe unten) kam hierher, um im Auftrag des Königs die besondere Flora zu erforschen und zugleich nach Möglichkeiten zu suchen, wie man die Ressourcen der Insel am besten nutzen könnte.

Carl von Linné

Am 23. Mai 1707 wurde der Pfarrerssohn *Carl von Linné* in der kleinen, entlegenen Gemeinde Råshult in der Provinz Småland geboren. Vor dem Haus hatte sein Vater „zum Vergnügen für sich und seine Frau" ein Kräutergärtchen angelegt, und schon früh entwickelte der kleine Carl ein Interesse für Pflanzen. Nach dem Schulabschluss siedelte *von Linné* zunächst nach Lund und dann nach Uppsala über.

1741 promovierte er in den Fächern Medizin und Anatomie und machte sich sofort danach im Auftrag des Königs auf den Weg nach Gotland. Dort sollte er die Pflanzenwelt beschreiben, aber auch nach Möglichkeiten suchen, wie die Krone die gotländischen Naturressourcen am effektivsten ausbeuten könnte. Als er von der Reise zurückkam, erhielt er den Professorentitel in dem Fachgebiet, in dem er weltbekannt wurde, der Botanik. Im gleichen Jahr wurde ihm auch die Gestaltung des Botanischen Gartens in Uppsala übertragen. *Linné* reiste nicht nur nach Gotland, sondern u.a. auch nach Lappland und in die Niederlande. An den meisten seiner Reisen lässt er uns durch seine Reiseschilderungen teilhaben.

Linné brachte durch die von ihm geschaffene Fachsprache Klarheit ins Gewirr der Pflanzenbeschreibungen. Er legte genau fest, wie und in welcher Reihenfolge man bei der Beschreibung vorzugehen habe. Die so genannte **binäre Nomenklatur,** bei der jeder Pflanze ein Gattungs- und Artenname zugeordnet wird (etwa *Linnaea borealis* für das Moosglöckchen), geht ebenfalls auf den schwedischen Botaniker zurück. Als *Linné* am 10. Januar 1778 starb, hatte er bereits einen Nachfolger gefunden – sein Sohn *Carl* setzte seine Arbeit fort und ergänzte die Pflanzenbeschreibungen seines Vaters.

Russische Besetzung

Auch **im 19. Jahrhundert** hatten die Kriege, die das schwedische Mutterland führte, Auswirkungen auf das Schicksal der Insel. Im schwedisch-russischen Krieg besetzten Soldaten des Zaren für wenige Wochen die Insel. Die Eroberung vollzog sich auf etwas kuriose Weise, aber immerhin ohne Blutvergießen. Die russischen Schiffe landeten an einer anderen Stelle als geplant, daher mussten die Soldaten in Fußmärschen auf Visby vorrücken. Die Bauern drohten ihnen dabei zwar mit Heugabeln, aber zu größeren Auseinandersetzungen kam es nicht. Auch die Bürger von Visby scheuten den Streit und ließen die Russen – nachdem diese ein Ehrenversprechen abgelegt hatten – in die Stadt ein. Die Soldaten, die unter dem Befehl von Admiral *Bodisco* standen, hielten sich auch an ihr Versprechen der Friedfertigkeit und wurden bei den Bürgern der Stadt einquartiert. Schon bald entwickelten sich die feschen Offiziere zu Lieblingen der Visbyer Oberschicht, bei deren Festen sie gern gesehene Gäste waren. Seit jenen kurzen Tagen der Besatzung soll in den Adern so manchen Gotländers russisches Blut fließen. Genauso unspektakulär wie die Eroberung verlief auch der Rückzug. Als nach drei Wochen eine 2000 Mann starke schwedische Truppe auf der Insel landete, kapitulierte *Bodisco* einfach und zog sich mit seinen Männern von der Insel zurück. *Bodiscos* Leute ließen dabei keine getöteten gegnerischen Soldaten, sondern nur einige gebrochene Frauenherzen zurück. Diese Episode spielte für die Entwicklung der Insel keine Rolle, wird aber in jedem Geschichtsbuch als Kuriosum erwähnt, denn schließlich gehörte Gotland auf diese Weise für kurze Zeit zum russischen Zarenreich.

Wirtschaftswachstum

Die gotländische Wirtschaft erlebte **im 19. Jahrhundert** eine **neue Blütezeit,** besonders gefragte Exportgüter waren Holz, Teer und Kalkstein. Auch die seit dem Mittelalter bestehende Abhängigkeit der gotländischen Bauern von den Kaufleuten aus

Visby wurde aufgelöst. Das viele hundert Jahre alte System des Tauschhandels und des Kredits in den staatlichen Kaufläden wurde gelockert. Auf dem Lande wurden Märkte eingerichtet, die Menschen konnten erneut direkt miteinander handeln. Den zunehmenden Wohlstand kann man auch daran erkennen, dass in den Landgemeinden wieder vermehrt Steinhäuser gebaut wurden. Ende des 19. Jahrhunderts stand auch Gotland im Zeichen der **Industrialisierung,** 1883 wurde beispielsweise eine große Zementfabrik gebaut, die bald schon 200 Arbeiter beschäftigte.

Bevölkerungswachstum

Die Bevölkerungszahl nahm zu und stieg bis zum **Ende des 19. Jahrhunderts** auf **53.000 Menschen,** mehr als doppelt so viele wie noch einhundert Jahre vorher. Und dies, obwohl viele Gotländer auswanderten und die Bauern damals schon eine bewusste Nachwuchsplanung betrieben: Damit der Hof nicht unter zu vielen Nachfahren aufgeteilt werden musste, galten zwei Kinder als ideal – ein Sohn, der den Besitz erbte und eine Tochter, die man „wegverheiraten" konnte.

Tourismus

Zum **Ende des 19. Jahrhunderts** kamen die ersten Sommergäste auf die Insel, der Tourismus wurde langsam, aber sicher eine wichtige Einnahmequelle. Vor allem die reichen Stockholmer, aber auch Mitglieder der deutschen High Society verbrachten hier ihren Urlaub.

Erster Weltkrieg

Alles andere als Urlaub war der erzwungene Aufenthalt einer Gruppe deutschen Seeleute während des Ersten Weltkriegs. 1915 wurde der deutsche **Minenräumer „MS Albatros"** von russischen Kriegsschiffen vor Gotland unter Beschuss genommen. Schwer beschädigt und brennend lief das Schiff vor Östergarn auf Grund. Mehrere deutsche Soldaten fanden dabei den Tod; an sie erinnert ein Gedenkstein auf dem Friedhof von Östergarn.

Zweiter Weltkrieg

Während des Zweiten Weltkriegs war **Schweden neutral.** Gotland stand aber trotzdem nicht abseits des Kriegsgeschehens, denn durch die zentrale Lage mitten in der Ostsee war die Insel ganz automatisch von den Auseinandersetzungen zwischen den Kriegsparteien betroffen. 1944 kam es dann zur Katastrophe, als die Gotland-Fähre, die zwischen Visby und Nynäshamn verkehrte, irrtümlich von einem russischen Kriegsschiff versenkt wurde und lediglich zwei Menschen überlebten.

Bis heute

Nach dem Krieg verließen immer mehr Gotländer die Insel – man war einfach zu weit weg vom Geschehen, und wer Karriere machen wollte, der ging in die Fremde. Erst in den 1960er Jahren

got_089 Foto: rk

wendete sich dieser Trend, und heute leben mit 57.500 Einwohnern geringfügig mehr Menschen auf der Insel als Ende des 19. Jahrhunderts.

Politik

Konstitutionelle Monarchie

Schweden ist eine konstitutionelle Monarchie, in der der **König** das formelle Staatsoberhaupt ist, gegenwärtig **Carl XVI. Gustaf.** In den Klatschspalten deutscher Boulevardzeitungen taucht das schwedische Königshaus immer wieder auf, denn Königin *Silvia* ist deutscher Herkunft. Der König lernte seine Auserwählte bekanntermaßen während der Olympischen Spiele 1972 in München kennen, wo *Silvia Sommerlath* – wie sie damals hieß – als Hostess arbeitete. Ebenfalls ein gefundenes Fressen für die bunten Blätter sind die Königskinder Prinz *Carl-Philip,* Prinzessin *Madeleine* und Kronprinzessin *Victoria. Victoria* landete zunächst wegen ihrer öffentlich eingestandenen Bulimieerkrankung in den Schlagzeilen und dann wegen diverser Liebschaften. Die Schlagzeilen beherrschen die „Königs" mit Sicherheit, über politische Macht verfügen sie aber nicht. Die liegt beim **Reichstag** bzw. dem Ministerpräsidenten und der von ihm benannten Regierung.

Parteien und Regierung

Seit den **Wahlen 2006** wird Schweden von einer **konservativen Koalitionsregierung** unter *Fredrik Reinfeldt* geführt. Der Parteivorsitzende der „Moderata Samlingsparti" löste damit den Sozialdemokraten *Göran Persson* ab, der von 1993 bis 2006 eine von den Grünen und der Linkspartei tolerierte Minderheitsregierung geleitet hatte. Das Parteiensystem ist äußerst stabil. In der Nachkriegszeit schafften es einzig die Grünen, die seit 1998 im Reichstag vertreten sind, sich neben den traditionellen Parteien zu etablieren. Für Schweden typisch sind auch die relativ geringen Unterschiede zwischen den Parteien. In Detailfragen wird zwar heftig gestritten, aber über den grundlegenden Kurs des Landes sind sich meist alle einig.

Wohlfahrtsstaat

In der Zeit vom Zweiten Weltkrieg bis zum Ende der 1980er Jahre war Schweden das **Vorzeigemodell** für soziale Errungenschaften – der schwedische Wohlfahrtsstaat wurde zum weltweiten Vorbild. Als eines der ersten Länder Europas schlitterte Schweden dann aber in eine schwere Wirtschaftskrise und führte einen sozialen Umbau durch, der nun wiederum als vorbildhaft gilt (und wesentlich darauf beruht, Leistungen zu verteuern bzw. auf der Ausgabenseite zu sparen).

Während die großen Nationen Europas zu Beginn des 3. Jahrtausends in einer tiefen Wirtschaftskrise stecken, steht die schwedische Wirtschaft gut da. Seit 1995 ist das Land **Mitglied der Europäischen Union,** der Beitritt zur Europäischen Währungsunion und damit die Übernahme des Euro wurden aber in einer Volksabstimmung im September 2003 von einer breiten Mehrheit der Bevölkerung abgelehnt und das, obwohl die regierenden Sozialdemokraten für den Beitritt Wahlkampf machten. Ein Grund für die Ablehnung war der eigene Wirtschaftsaufschwung, den man durch den Euro gefährdet sah. Oft genug wurde damals in den Wahlkampfreden die stagnierende deutsche Ökonomie als abschreckendes Beispiel erwähnt. Dass man Wahlversprechen auch halten kann, hat der damalige schwedische Ministerpräsident *Persson* bewiesen, der wie der deutsche Ex-Bundeskanzler *Schröder* den Wählern bei seinem Amtsantritt im Jahre 1996 eine Reduzierung der Arbeitslosigkeit versprochen hatte. Im Gegensatz zu *Schröder* konnte er aber sein Versprechen einlösen und einen Rückgang der Arbeitslosigkeit von 8 auf 4 Prozent erreichen. Der 2006 gewählte *Fredark Reinfeldt* fährt eine konservative Koalitionsregierung. Seit der Weltwirtschaftskrise Ende 2008 drohen weitere Einschnitte im schwedischen Sozialnetz.

Schwedische Könige seit 1250

Schweden ist eine Monarchie, deswegen werden im Drei-Kronen-Reich historische Zeitepochen oft anhand der Regierungsdaten der Könige definiert. Um Ihnen die Einordnung der jeweiligen Regenten zu erleichtern, hier eine Aufstellung mit der Angabe der Regierungszeit.

- *Birger Jarl* 1250–1266 (Vormund für seinen Sohn *Valdemar)*
- *Valdemar Birgersson* 1250–1275
- *Magnus Ladulås* 1275–1290
- *Birger Magnusson* 1290–1318
- *Magnus Eriksson* 1319–1364
- *Håkan Magnusson* 1362–1364
- *Albrecht von Mecklenburg* 1364–1389
- *Margarethe I.* 1389–1412
- *Erich von Pommern* 1412–1439
- *Engelbrekt Engelbrektsson* 1435–1436 (Reichsverweser)
- *Karl Knutsson Bonde* 1438–1441 (Reichsverweser)
- *Christof III. von Bayern* 1440–1448
- *Karl Knutsson Bonde* 1448–1457, 1464–1465, 1467–1470
- *Christian I.* 1457–1464
- *Sten Sture d. Ä.* 1470–1497, 1501–1503
- *Svante Nilsson* 1504–1512 (Reichsverweser)
- *Erik Trolle* 1512
- *Sten Sture d. J.* 1512–1520
- *Christian II.* 1520–1521
- *Gustav Wasa* 1521–1560 (davon 1521–23 als Reichsverweser)
- *Erik XIV.* 1560–1568
- *Johann III.* 1568–1592
- *Sigismund* 1592–1599
- *Karl IX.* 1599–1611 (davon 1599–1604 als Reichsverweser)
- *Gustav II. Adolf* 1611–1632
- *Christina* 1632–1654
- *Karl X. Gustav* 1654–1660
- *Karl XI.* 1660–1697
- *Karl XII.* 1697–1718

Waldemar Atterdag, wie man ihn sich heute vorstellt (ausgestellt im Kapitelhus in Visby)

- *Ulrika Eleonora* 1718–1720
- *Frederik I. Hessen* 1720–1751
- *Adolf Fredrik* 1751–1771
- *Gustav III.* 1771–1792
- *Gustav IV.* Adolf 1792–1809
- *Karl XIII.* 1809–1818
- *Karl XIV. Johann* 1818–1844
- *Oskar I.* 1844–1859
- *Karl XV.* 1859–1872
- *Oskar II.* 1872–1907
- *Gustav V.* 1907–1950
- *Gustav VI. Adolf* 1950–1973
- *Carl XVI. Gustaf* seit 1973

Dänische Könige während der Zeit, in der Gotland zu Dänemark gehörte:

- *Waldemar Atterdag* 1340–1375
- *Olaf* 1375–1387
- *Margarethe* 1387–1412
- *Erich von Pommern* 1412–1439
- *Christoph III. von Bayern* 1440–1448
- *Christian I.* 1448–1481
- *Johann* 1481–1513
- *Christian II.* 1513–1523
- *Frederik I.* 1523–1533
- *Christian III.* 1534–1559
- *Frederik II.* 1559–1588
- *Christian IV.* 1588–1648
- *Frederik III.* 1648–1670
- *Christian V.* 1670–1699

got_093 Foto: rk

Frauenpolitik

Ein weiterer wichtiger Grund für die **Europa-Skepsis** ist die Frauenpolitik. Die schwedischen Frauen sehen ihr Land als Vorreiter in Fragen der Gleichberechtigung und fürchten um ihre Rechte, wenn sie sich mit den in „Frauenfragen" nach ihrer Meinung rückständigen Mittel- und Südeuropäern arrangieren müssen.

Reichstag

Im schwedischen Reichstag sitzen **349 Abgeordnete,** davon sind nach der Wahl im September 2002 163 – und damit 47 Prozent (!) – Frauen. Gewählt wird in Schweden jedes vierte Jahr. Dann werden alle über 18 Jahre alten Schweden zur Urne gerufen. Wie in Deutschland verhindert eine Sperrklausel (4 Prozent), dass Kleinstparteien ins Parlament einziehen können.

Reichstagswahlen 2006

Ergebnis der Reichstagswahlen vom September 2006:
- **Moderata Samlingspartiet,** Konservative: 26,2%
- **Centerpartiet,** Zentrumspartei: 7,9%
- **Folkpartiet Liberalerna,** Liberale Volkspartei: 7,5%
- **Kristdemokraterna,** Christdemokraten: 6,6%
- **Socialdemokratiska Arbetarepartiet,** Sozialdemokraten: 35,0%
- **Vänsterpartiet,** Linkspartei: 5,8%
- **Miljöpartiet de Gröna,** Grüne: 5,2%

Regionalpolitik

Kommunale Selbstverwaltung

Es gibt in Schweden zwei Arten von Organen für die kommunale Selbstverwaltung: einerseits die **Gemeinden,** andererseits den **Provinziallandtag** (swe. *landsting*). Das Land ist in 20 Provinzen und eine so genannte „provinziallandtagsfreie Gemeinde", nämlich Gotland, unterteilt. Da aber nur marginale Unterschiede zwischen den Rechten und Pflichten von Provinzen und der „provinziallandtagsfreien Gemeinde Gotland" bestehen, kann man die Ostseeinsel durchaus als 21. Provinz betrachten. Der Provinziallandtag wird alle vier Jahre zeitgleich mit dem Reichstag gewählt. Dabei sind nicht nur Schweden, sondern alle in Schweden ansässigen Staatsangehörige aus einem Mitgliedsland der Europäischen Union sowie aus Island und Norwegen wahlberechtigt. Andere in Schweden ansässige Ausländer sind dann wahlberechtigt, wenn sie vor der Wahl mindestens drei Jahre in Schweden amtlich gemeldet sind. Die Hauptaufgabe der Landtage ist die Krankenpflege. Außer einigen wenigen Privatkrankenhäusern werden alle Hospitäler von den Provinziallandtagen getragen. Ferner gehört zu den Aufgaben der Landtage die Unterstützung des Kulturlebens in ihrer Provinz. Weitere wichtige Aufgaben sind unter anderem die regionale Wirtschaftsförderung und die Organisation des öffentlichen Personennahverkehrs.

Auf Gotland stellt sich die Mandatsverteilung im Landtag etwas anders als in Stockholm dar. Auch hier sind die Sozialdemokraten stärkste Partei, doch dann folgt die Zentrumspartei, die sich ansonsten landesweit seit Jahren in einem dramatischen Abwärtstrend befindet. Relativ schwach vertreten sind die Liberalen, die Christdemokraten und die Grünen. Stark ist dagegen die Linkspartei repräsentiert.

Wirtschaft

Die meisten Menschen auf Gotland arbeiten in **Tourismus, Landwirtschaft** und **Verwaltung.** Der größte einzelne Arbeitgeber ist das „Land Gotland", bei dem 7000 der insgesamt 25.000 berufstätigen Gotländer beschäftigt sind. Einige hundert Gotländer sind bei der staatlichen Rentenversicherungsanstalt beschäftigt. Großunternehmen gibt es kaum, selbst in dem großen Zementwerk in Slite arbeiten nur wenige hundert Menschen. Vielmehr bestimmen **kleine und mittelgroße Betriebe** das Wirtschaftsleben der Insel. Nirgendwo in Schweden gibt es im Verhältnis so viele Kleinbetriebe mit unter 20 Angestellten wie hier. Die Fischerei spielt kaum noch eine Rolle, hier sind ge-

got_096 Foto: rk

rade einmal zwei Prozent der arbeitenden Bevölkerung beschäftigt. Die Arbeitslosigkeit ist starken saisonalen Schwankungen unterworfen und liegt in der Regel im schwedischen Landesschnitt um vier Prozent. Das erwirtschaftete Bruttosozialprodukt pro Kopf liegt etwa 10 bis 15 Prozent unter dem gesamtschwedischen Durchschnitt.

Strukturschwach

Gotland zählt zu den strukturschwachen Regionen in Schweden und hat deswegen auch Anspruch auf die teilweise von der EU finanzierten **Ausgleichszahlungen** für benachteiligte Gebiete. Ziel dieser Förderung ist es, auf dem Land andere Einkunftsmöglichkeiten als die Landwirtschaft zu schaffen und das Investitionsklima für Unternehmen zu verbessern. Besonderes Augenmerk wird auch auf Ausbildung und Forschung gelegt.

Tourismus

Der Tourismus spielt für Gotland schon seit langem eine wichtige Rolle. Bereits zum Ende des 19.

Jahrhunderts kamen viele gestresste Großstädter aus der beinahe benachbarten Hauptstadt Stockholm hierher, um ihre Sommerfrische zu verbringen. Auch die deutsche Oberschicht stieg schon damals gerne in den Hotels der Insel ab. Im Prinzip hat sich an dieser Verteilung nichts verändert: Die meisten Besucher kommen nach wie vor **aus Stockholm,** die meisten ausländischen Touristen reisen **aus Deutschland** an.

Die Besucherzahlen nehmen ständig zu und haben inzwischen die Marke von **700.000 Gästen pro Jahr** durchbrochen. Rückgängig ist allerdings die Zahl der Gäste, die aus Deutschland anreisen. Die Rekordzahl von 30.000 deutschen Urlaubern, die das Jahr 1998 brachte, hat man seitdem nicht mehr erreicht. *Mats Jansson,* der Marketingchef von Gotlands Turistförening, weiß auch den Grund dafür. Er sagt, der typische deutsche Tourist sei der pensionierte Lehrer oder Arzt gewesen, der sich für die Kulturschätze der Insel interessiert hat. Diese Klientel werde immer älter und verzichte zunehmend auf das Reisen, eine neue Zielgruppen habe man sich aber noch nicht erschließen können. Das verwundert, denn in Schweden hat Gotland einen Ruf, der dem **Image der „Pensionärsinsel"** völlig widerspricht. Vom schwedischen Festland kommen nämlich vor allem Familien mit Kindern oder aber junge Leute, die bei Sonnenschein am Strand feiern wollen. Nicht umsonst gleicht Visby im Juli einer einzigen großen Partymeile, allerdings – um Missverständnissen gleich vorzubeugen – auf wesentlich höherem Niveau, als man dies beispielsweise vom Ballermann auf Mallorca kennt.

Kurze Hauptsaison

Die steigenden Einkünfte aus dem Tourismus sind zugleich Stärke und Schwäche der Insel, zumindest so lange es nicht gelingt, die Tourismussaison entscheidend zu verlängern. Genau genommen

In der Hauptsaison machen Cafés und Restaurants gute Geschäfte

erstreckt sich die **Hauptsaison** gerade einmal über **vier bis sechs Wochen.** Im Juli sind zwar alle Herbergsbetriebe bis aufs letzte Bett ausgebucht, und dann machen auch die Restaurants gute Geschäfte, sehr gute Geschäfte sogar. Doch das reicht nicht aus, um zehn, elf „Hungermonate" zu überdauern. Dies führt mehr und mehr dazu, dass der Tourismus keine festen Arbeitsplätze schafft, da zunehmend auf Saisonkräfte zurückgegriffen wird. In vielen Kneipen und Restaurants arbeiten denn auch Studenten aus Stockholm als Bedienung oder Barmann, während die einheimische Bevölkerung nur indirekt am Tourismusgeschäft partizipiert. Abhilfe versucht man auch dadurch zu schaffen, indem man vermehrt Gäste aus dem Ausland nach Gotland locken will, und da wiederum sind besonders die Deutschen eine bevorzugte Zielgruppe – die haben nämlich vornehmlich im August Urlaub und sollen dann die leer stehenden Zimmer füllen.

Bildungswesen

Bis zur 8. Klasse keine Noten!

Die **neunjährige Grundschule** ähnelt einer deutschen Gesamtschule. Nach Abschluss der Grundschule schließt sich eine **dreijährige differenzierte Gymnasialschule** an, die etwa 90 Prozent der Schüler besuchen. Deutsche Schüler werden begeistert in die Hände klatschen, wenn sie hören, dass es bis zur 8. Klasse keine Noten gibt. Die ersten fünf Schuljahre werden die Schulleistungen nur mündlich bewertet (von der 5. bis zur 7. Klasse gibt es zwar Zeugnisse, in denen aber nur Kommentare zu den Leistungen gegeben werden). Das anschließende Notensystem nimmt sich im Vergleich zu Deutschland recht harmlos aus. Man unterscheidet nämlich nur zwischen **drei Bewertungen:** G *(godkänd),* VG *(väl godkänd),* MVG *(mycke väl godkänd),* was nichts anderes heißt als „gute Leistung", „sehr gute Leistung" und „ausgesprochen gute Leistung". Für schlechte Leistungen gibt es keine Noten, Schüler, die das Klassenziel verfehlen, bekommen keine Note erteilt, sondern eine ausführliche Begründung ins Zeugnis geschrieben. Das Abschlusszeugnis der Grundschule berechtigt zum Übergang auf die Gymnasialschule, ganz unabhängig von den Noten. Die wichtigsten Fächer auf dem Gymnasium sind Schwedisch, Englisch, Gesellschaftswissenschaften, Religionswissenschaft, Mathematik, Naturwissenschaft, Sport und Gesundheit. Der Schulbesuch an staatlichen Schulen ist **kostenlos,** und es besteht **Lehrmittelfreiheit.** In dünn besiedelten Gebieten mit weiten Schulwegen organisiert die Gemeinde Schülertransporte oder unterstützt die

got_099 Foto: rk

Familien durch Schülerkarten für den öffentlichen Bus- oder Bahnverkehr. Kostenlosen Bustransport bekommt man in Gotland beispielsweise dann, wenn man mehr als 2 bzw. 3 Kilometer von der Schule entfernt wohnt.

Auf Gotland

Auf Gotland gibt es 45 Grundschulen der Klassen Eins bis Sechs. Die „Oberstufe" der Grundschule wird dann in den großen Orten zusammengefasst, in denen sich auch die Gymnasien befinden. Neben den staatlichen Schulen gibt es auf Gotland auch eine **Montessori-** und eine **Waldorfschule** (www.orionskolan.nu) sowie ein privates Gymnasium. Der Anteil der Privatschulen auf Gotland ist relativ hoch, denn schwedenweit besucht gerade einmal 1 Prozent aller Schüler nicht-staatliche Bildungseinrichtungen. Die **Hochschule in Visby** bietet verschiedene Studienrichtungen an und hat etwa 2500 Studenten.

Pisa-Studie

Übrigens: Bei der zuletzt so häufig zitierten Pisa-Studie, in der Deutschland auf einem vernichtenden 22. Platz landete, schnitten die schwedischen Schüler wesentlich besser ab. Mit **Platz 9** kamen sie auf denselben Rang, den das Bundesland Bayern belegt hätte, wenn es allein in die Wertung eingegangen wäre.

Dass die Schweden schon immer sehr gebildet waren, verrät uns Meyers Konversations-Lexikon von 1890. Darin heißt es nämlich: „Das schwedische Volk ist ein sehr gebildetes und nimmt in dieser Beziehung einen hohen Rang ein. In allen Fächern des Wissens haben sie sich ausgezeichnet, und selbst in den menschenärmsten Gebieten des Landes gibt es unter 100 kaum einen, der nicht lesen und schreiben kann."

Gesundheitswesen

Sparpolitik Das schwedische Gesundheitssystem ist selber krank. Seit Jahren wird eisern gespart, jedes vierte Krankenhaus wurde inzwischen geschlossen, ein Drittel der Betten sind weggefallen. Auch die Patienten selbst müssen zur Sanierung beitragen und vor jeder Behandlung erst einmal den Geldbeutel zücken. Wer krank ist, dem wird beispielsweise ein Arbeitstag vom Gehalt abgezogen, für jeden Arztbesuch wird eine Selbstbeteiligung zwischen umgerechnet 11 und 30 Euro fällig, und auch für Medikamente ist eine Zuzahlung zu leisten.

Schlechte Bezahlung Die Bezahlung des Pflegepersonals ist sehr niedrig: Eine Krankenschwester zum Beispiel muss mit einem Grundgehalt von umgerechnet zirka 1500 Euro auskommen, bei den hohen schwedischen Lebenshaltungskosten ein durchaus schwieriges Unterfangen. Die Folgen liegen auf der Hand. Hunderte von Stellen, besonders in abgelegenen Gebieten, können nicht besetzt werden. Immer intensiver bemüht sich der schwedische Staat deswegen um Kräfte aus dem Ausland.

Kürzungen Die Kürzungen im Gesundheitswesen kommen zum denkbar ungünstigsten Zeitpunkt. Schweden gilt als das Land mit den meisten alten Menschen weltweit, und entsprechend hoch ist natürlich auch der Bedarf an Krankenversorgung. Viele Patienten klagen über überfüllte Notaufnahmen, Bettenmangel und monatelanges Warten auf Fachärzte. Dass man auf Routineoperationen warten muss, wird in Schweden inzwischen allgemein akzeptiert, doch selbst akute Krebspatienten müssen mitunter monatelang „Schlange stehen“, bevor sie eine verordnete Bestrahlung erhalten. Dies ist für die Betroffenen nicht nur ärgerlich, sondern kann unter Umständen auch lebensbedrohend sein. Manchmal muss man akute Notfälle sogar ins Ausland ausfliegen, weil im Inland einfach kein Bett bzw. Operationstermin für den Patienten zu bekommen ist! Das schwedische Wort **„hälsakö"**, das wörtlich übersetzt „Gesundheitswarteschlange" heißt und für das es aus gutem Grund (noch?) keine deutsche Entsprechung gibt, dokumentiert diesen Zustand treffend. Für „leichte Krankheiten" hat sich inzwischen schon ein regelrechter „Operationstourismus" entwickelt. Dann fliegt man beispielsweise vier Wochen nach Thailand und legt sich dort – natürlich in einem von Schweden geführten Krankenhaus mit bester Ausstattung – auf den Operationstisch.

Hervorragende Betreuung

Doch es gibt auch Gutes aus Schweden zu berichten. Wer in der „hälsakö" vorne angekommen ist, den erwartet eine hervorragende Betreuung. Die Ärzte nehmen sich Zeit für die Probleme ihrer Patienten, und die Ausstattung der Krankenhäuser ist topp. Die moderne Technik in den Krankenhäusern ist übrigens ein wichtiger Eckpfeiler des Programmes, das Schweden aus der Gesundheitskrise führen soll. Die Patienten sollen nämlich so optimal versorgt werden, dass sie möglichst schnell wieder ihr Krankenhausbett für den Nächsten in der langen Schlange der Wartenden freimachen können.

Der Sparzwang im schwedischen Gesundheitswesen lässt sich auch in Gotland feststellen. Ein Blick in die Statistik zeigt, dass die Aufenthaltsdauer im Krankenhaus beständig abnimmt, das Gleiche gilt auch für die Zahl der teuren Hausbesuche von Ärzten und Krankenschwestern.

Medien

Zeitungen

Die Schweden gehören zu den eifrigsten Zeitungslesern weltweit. Im Schnitt werden 4,3 Zeitungen pro 10 Einwohnern verkauft. Die wichtigsten seriösen Tageszeitungen sind die liberale **Dagens Nyheter** (www.dn.se) und das konservative **Svenska Dagbladet** (www.svd.se). Beide werden zwar in Stockholm herausgegeben, sind aber landesweit erhältlich. Dasselbe gilt auch für die Boulevardblätter **Aftonbladet** (www.aftonbladet.se) und **Expressen** (www.expressen.se).

Die schwedischen Zeitungen sympathisieren meist mit bestimmten Parteien. Allerdings spiegelt die politische Ausrichtung der Presse keineswegs die Mehrheitsverhältnisse im Wahlvolk wieder. Während die Sozialdemokraten, die Linkspartei und die Grünen etwa die Hälfte aller Wähler hinter sich wissen, beträgt ihr Anteil an der Tagespresse nur etwa ein Fünftel der Gesamtauflage.

Über die Grenzen Schwedens hinaus machte die **Tageszeitung Metro** (www.metro.se) Schlagzeilen. Sie wurde 1995 gegründet und wird seitdem **kostenlos** in der Stockholmer U-Bahn verteilt. Inzwischen gibt es sie auch in Malmö und Göteborg. Erstaunlich ist die relativ gute journalistische Qualität dieser nur durch Werbung finanzierten Zeitung. Metro hat inzwischen im In- und Ausland viele Nachahmer gefunden.

Auf Gotland

Auf Gotland erscheinen – erstaunlich genug bei nur 57.100 Einwohnern – zwei Tageszeitungen: Sowohl **Gotlands Tidnigar** (www.gotlandstidnigar.se) als auch **Gotlands Allehanda** (www.gotlandsallehanda.se) sind typische Regionalblätter, die sich hauptsächlich mit lokalen Themen befassen und der landesweiten oder gar internationalen Berichterstattung nur wenig Platz einräumen.

Im Internet

- Eine Liste mit den **Internetadressen vieler schwedischer Zeitungen** findet man auf der folgenden Seite: www.swedengate.de/svenskamedia/tidningar.html

Fernsehen

Sveriges Television

Fernsehen gibt es in Schweden seit Mitte der zwanziger Jahre des 20. Jahrhunderts, und seitdem hatte lange Zeit ein Monopolunternehmen das Sagen. Das Schwedische Fernsehen, Sveriges Television, war und ist dem „Nutzen der Allgemeinheit" verpflichtet. Die Sendungen werden auch heute noch durch Teilnehmergebühren finanziert, Werbung ist nicht erlaubt.

Privatfernsehen

Seit Ende der achtziger Jahre gibt es auch Privatfernsehen in Schweden. Den Anfang machte 1987 der Satellitenkanal TV 3. Er sendete zwar aus London und war auch nur in wenigen Haushalten zu empfangen, doch ein Tabu war gebrochen – **erstmals** war **Werbung** auf schwedischen Bildschirmen zu sehen. TV 4 zog 1991 nach und sendet seitdem landesweit. Das Fernsehen hat übrigens einen nicht zu unterschätzenden Anteil daran, dass die meisten Schweden über sehr gute Fremdsprachenkenntnisse verfügen. Alle Filme werden nämlich im Original mit Untertiteln ausgestrahlt, und so wird jeder Fernsehabend zu einem kostenlosen Fremdsprachenkurs.

Radio

Sveriges Radio

Von der Einführung des Radios 1925 bis zum Jahre 1955 hatte Schweden nur einen einheimischen Rundfunkkanal, nämlich Sveriges Radio. Heute sendet Sveriges Radio auf fünf Kanälen. Das Erste Programm, P 1, bietet ausführliche Nachrichten, Reportagen und Hintergrundberichte. P 2 ist auf Unterrichtsprogramme, Programme für Einwanderer und ernste Musik spezialisiert. P 3 ist das Radio der jungen Leute und sendet aktuelle Hits, aber auch kritische Reportagen, P 4 bringt ebenfalls „leichte" Musik, ist mit seiner Auswahl aber eher auf die ältere Hörergeneration zugeschnitten. Das jüngste Kind aus der Familie des Schwedischen Rundfunks ist P 5, ein Stockholmer Stadtsender. Auffällig ist, dass in Schweden der Wortanteil am Programm wesentlich höher ist als in Deutschland und man dort dem Zuhörer auch noch zutraut, anspruchsvollen Sendungen zu folgen. Inzwischen gibt es in vielen Städten natürlich auch **kommerzielle lokale Radiostationen,** die in Programmqualität und Musikauswahl von höchst unterschiedlichem Niveau sind.

Ombudsmann

Wer sich von einer Presseveröffentlichung persönlich angegriffen fühlt oder ganz allgemein der Meinung ist, dass ein Presseorgan in einer Veröffentlichung moralische Regeln verletzt hat, kann sich an den **Presseombudsmann** wenden. Er nimmt sich der Klage an und beurteilt sie auf ihre Berechtigung hin. Bei ernsteren Vorfällen verweist er die Klage weiter an den **Presserat.** Außer zu der Verpflichtung, einen tadelnden Entscheid zu veröffentlichen, kann eine Zeitung auch zu einer Geldstrafe verurteilt werden.

got_106 Foto: rk

Die Menschen

Bevölkerung

57.100 Einwohner

In Gotland leben 57.100 Menschen, die meisten von ihnen, nämlich gut **22.000**, sind **in der Hauptstadt Visby** zu Hause. Während in Schweden ein, wenn auch geringes, Bevölkerungswachstum zu verzeichnen ist, bleibt auf Gotland die Bevölkerungszahl seit Jahren nahezu gleich. Der Ausländeranteil auf der Insel ist sehr gering und liegt bei 0,6 Prozent, im Vergleich zu 1,6 Prozent in Gesamtschweden. Um die Statistik richtig lesen zu können, muss man aber wissen, dass in Schweden nur der als Ausländer gilt, der weniger als vier Jahre im Land lebt. Obwohl sich manche Gotländer zuerst als Insulaner und dann erst als Schweden fühlen, und obwohl noch so mancher sagt, „er fahre nach Schweden", wenn er die kurze Bootsüberfahrt aufs Festland antritt, so ist der Unterschied zwischen den Inselbewohnern und den Festländern doch geringer als beide Seiten vielleicht wahrhaben wollen.

got_108 Foto: rk

Freundlichkeit ist Trumpf

„Schweden sind kontaktscheu und zurückhaltend" – solche oder ähnliche Behauptungen liest man in vielen Reiseführern. Doch das stimmt nicht! Formlos sind sie vielleicht, sie duzen ihren Ministerpräsidenten und halten sich im Gespräch mit ihrem Vorgesetzten nicht mit überflüssigen Unterwürfigkeitsbezeugungen auf. Ansonsten ist aber **„tack", „danke",** das wichtigste Wort im gelb-blauen Königreich. „Tack" wird der Busfahrer sagen, wenn Sie ihm das Geld für das Ticket geben, „tack tack" sollten Sie dann antworten, und wahrscheinlich beendet der Herr hinter dem Steuer das Gespräch dann mit einem weiteren „tack" – Freundlichkeit ist Trumpf.

Natürlich ist die Gesellschaft auf der Insel durch das **Fehlen von Städten** geprägt – auch Visby ist ja genau genommen nicht gerade eine Metropole. Die Natur ist hier überall nahe, und die Menschen wissen das auch auszunutzen. Egal ob im Sommer oder Winter, wenn es das Wetter einigermaßen zulässt, verbringt man die Zeit draußen. Selbst wenn es im Sommer frostig kühl ist, sitzt ein richtiger Schwede im Café draußen und trägt keinesfalls Socken.

Wie die Schweden „wirklich" sind, wusste schon Meyers Konversations-Lexikon von 1890: „Die Grundzüge des schwedischen Charakters sind nordischer Ernst, Liebe zu Religion, Vaterland, Gesetz und Freiheit, Ehrlichkeit und Uneigennützigkeit, Selbstgefühl, Gastfreundschaft; Mildthätigkeit, schnelle Fassungsgabe und scharfe Urteilskraft. Naturfehler sind Phlegma und Langsamkeit, Neigung zum Genuss geistiger Getränke und Hang zum äußerlichen Prunk." Ob das alles heute immer noch so ist? Bilden Sie sich doch selbst ein Urteil!

Religion

Christentum

Im Jahr 829 war der französische Mönch *Ansgar* ins Reich der Schweden gereist, um das Evangelium zu predigen – er gilt als „Vater des Christentums im Drei-Kronen-Reich". Nach Gotland kam das Christentum aber erst zirka 200 Jahre später. Der Legende nach war es **Olaf der Heilige,** der 1029 die Insel christianisierte. Wahrscheinlich waren es aber einfach Händler, die den christlichen Glauben etwa um die Wende vom 1. zum 2. Jahrtausend auf die Insel brachten.

Reformation

Die Reformation hielt in den zwanziger Jahren des 16. Jahrhunderts Einzug im Norden Europas. 1520 ließ der damalige Unionskönig *Christian II.* zwei Bischöfe absetzen. Dies wurde zum Signal für eine nationale Befreiung vom Katholizismus. Großen Einfluss hatten die Brüder **Olaus und Laurentius Petri,** die von *Martin Luther* und anderen Reformatoren auf dem Kontinent inspiriert worden waren. Sie verfolgten aber eine zurückhaltende Linie – sehr viel von dem Alten wurde beibehalten. Deswegen wurde auch nur wenig des typisch katholischen Inventars in den gotländischen Kirchen zerstört. **1686** wurde im Kirchengesetz festgeschrieben, was bis dahin ohnehin Fakt war: Schweden bekannte sich offiziell zum **Protestantismus,** der evangelische Glaube wurde **Staatsreligion.** Erst **1951** gewährte ein Gesetz die volle **Religionsfreiheit** für alle. Am 1. Januar 2000 wurde die Schwedische Kirche dann offiziell vom Staat getrennt und mit anderen Glaubensgemeinschaften gleichgestellt. Laut einer Statistik aus dem Jahr 2000 gehörten damals 83 Prozent der Einwohner der Protestantischen Kirche an.

Auf Gotland

Auf Gotland ist die Kirchenmitgliedschaft mit knapp 90 Prozent deutlich höher. Auch was die Zahl der Getauften im Verhältnis zur Einwohnerschaft angeht, liegt Gotland über dem Landesdurchschnitt: 81 zu 73 Prozent lautet hier das Verhältnis. Die Statistik verrät auch, dass im Durchschnitt jeden Sonntag 4000 Gotländer den Got tesdienst besuchen – bei einer Bevölkerungszahl von 57.100 ist das ein beträchtlicher Schnitt.

Sitten und Bräuche

Viele Feste, die in Schweden gefeiert werden, werden auch in Mitteleuropa begangen. Einige jedoch sind typisch schwedisch oder zumindest auf den skandinavischen Raum beschränkt.

Das **neue Jahr** wird in Schweden auf ruhigere Art und Weise begrüßt als in Deutschland. Ausgelassene Partys und Trinkgelage sind die Ausnahme, meist begeht man den Tag im Kreise der Familie. Die **Fastenzeit** ist im protestantischen Schweden seit der Reformation ein unbekanntes Phänomen, die traditionellen katholischen „Fresstage" vor der Fastenzeit hat man aber beibehalten. Besonders beliebt ist in dieser Zeit die **semla,** ein Milchbrötchen, das mit Marzipan und Schlagsahne gefüllt wird. Früher gab es diese Spezialität nur in der Woche vor Beginn der Fastenzeit. Heute sind die „semlor" bei jedem Konditor von Neujahr bis Ostern zu haben.

Karneval oder **Fasching** gibt es in Schweden nicht. Die Kinder dürfen sich aber am Gründonnerstag verkleiden. Sie laufen dann in Altweiber- und Hexenkostümen herum und erinnern damit an den Flug der Hexen nach Blåskulla, wo diese am Gründonnerstag mit dem Teufel zu einem Tänzchen zusammentreffen. Abgesehen von der Maskerade der Kinder wird das **Osterfest** in einer besinnlichen und ruhigen Atmosphäre gefeiert. Bis vor einigen Jahren waren am Karfreitag sogar die Kinos geschlossen. Eier und Palmzweige spielen eine ebenso wichtige Rolle bei den schwedischen Osterfeierlichkeiten wie in Deutschland.

Tag der Studenten

Der **30. April,** der **Valborgsmässoafton,** ist der Tag der Studenten. In allen Universitätsstädten wird an diesem Tag ausgiebig gefeiert. Gegenwärtige und ehemalige Studenten setzen ihre weißen Studentenmützen auf und ziehen durch die Straßen. Das Wichtigste an diesem Tag sind aber wahrscheinlich die feuchtfröhlichen Feste, die sich an die offiziellen Feierlichkeiten anschließen.

Der **1. Mai** ist auch in Schweden der Feiertag der Arbeiterbewegung. Er wird von den meisten Familien zu einem Ausflug in die inzwischen erwachte Frühlingsnatur genutzt, vorausgesetzt, der Kater vom Vortag macht einem keinen Strich durch die Rechnung.

Christi Himmelfahrt

Christi Himmelfahrt ist für viele Schweden ein wichtiger Tag, aus ganz unterschiedlichen Gründen allerdings. Für einige wenige steht das kirchliche Fest im Vordergrund, für sie bestimmt der Gottesdienstbesuch den Tag. Für die meisten Familien ist Christi Himmelfahrt aber ein Ausflugstag, an dem man sich mit dem Picknickkorb unter dem Arm auf den Weg ins Grüne macht. Allerdings soll es an diesem Tag in vielen Familien schon zu heftigen Streitereien gekommen sein, denn an Christi Himmelfahrt wird in Schweden offiziell die Angelsaison eröffnet, und passionierte Petrijünger – die meisten schwedischen Männer – können sich nur schwer zwischen der Familie und dem ersten großen Fang des Jahres entscheiden.

Ähnlich wie an Christi Himmelfahrt sind auch an **Pfingsten** die Kirchgänger in der Minderzahl, die Mehrheit zieht zum Picknick hinaus aufs Land, bzw. fährt ins eigene Sommerhäuschen am See. Den **Nationalfeiertag am 6. Juni** übersieht man leicht. Die Menschen ziehen zwar vor dem Haus die Fahne hoch, aber obwohl der Tag seit einigen Jahren arbeitsfrei ist, wird weiter nicht gefeiert.

„Schachländerspiel" bei der Mittelalterwoche in Visby

Mittsommer

Bis in die frühen Morgenstunden gefeiert wird dagegen an Mittsommer. Früher fand dieses Fest immer am 24. Juni statt. Seit 1950 wurde es auf das **erste Wochenende nach dem 24. Juni** verlegt, einen zusätzlichen arbeitsfreien Tag haben die Schweden seitdem also nicht mehr. Der Feiertagsstimmung hat die Verlegung aber keinen Abbruch getan. Am Morgen des Mittsommertages werden Haus und Hof mit Blumen und Zweigen geschmückt. Auf dem Land wird die **majstång,** ein reich geschmückter Baumstamm, aufgestellt. Die majstång hat übrigens, obwohl immer wieder fälschlich so übersetzt, nichts mit unserem Maibaum gemein. Ihr Name stammt nicht vom Monat Mai ab, sondern von dem schwedischen Wort „majen“, was soviel bedeutet wie winden oder herumbinden – nichts anders tut man nämlich mit den Zweigen und Blumen, mit denen die majstång geschmückt wird. Am Abend wird dann endlich zum Tanz aufgespielt. Alle fassen sich an den Händen und hopsen mehr oder weniger geschickt um den

got_113 Foto: rk

got_114 Foto: rk

geschmückten Baum. Bald aber löst sich der Reigen auf, und es wird paarweise auf dem Tanzboden weitergemacht. Wer zwischendurch Stärkung braucht, für den steht das traditionelle Mittsommergericht **matjesill,** eine Art marinierter Hering in süßer Soße, bereit. Dazu werden Kartoffeln mit Dill gereicht, und als Nachspeise kommen Erdbeeren mit Schlagsahne auf den Tisch. So gestärkt kann man sich wieder ins Festgetümmel stürzen.

Besonders wichtig ist die Mittsommernacht für noch **ledige Mädchen,** die herausfinden wollen, wen sie später einmal heiraten werden. Sie müssen auf neun verschiedenen Wiesen neun verschiedene Blumen pflücken und das Sträußchen dann unter ihr Kopfkissen legen. Am Morgen nach der Mittsommernacht, wenn sie sich nach dem Fest erschöpft ins Bett legen, erscheint ihnen dann ihr Traumprinz im Schlaf. Und wenn es nicht funktioniert, was eigentlich immer der Fall ist, dann ist die Erklärung ganz einfach: Die Blumen können ihre wundersame Kraft nämlich nur entfalten, wenn das wissensdurstige Mädchen nicht spricht.

Sommer in Schweden

Doch wer kann in einer solchen Feststimmung schon schweigsam bleiben? Dass sich trotzdem viele Liebespaare gerade an Mittsommer finden, dürfte einen anderen Grund haben: An diesem Tag wird nicht nur gut gegessen, sondern auch ausgiebig getrunken, und da kann es schon passieren, dass man sich näher kommt ...

Krebspremiere

Während man Mittsommer in den Nachbarländern Finnland und Norwegen ebenso heftig feiert, ist die **kräftpremiären** etwas, das es nur in Schweden gibt. Die „Krebspremiere", die **in der zweiten Augustwoche** stattfindet, ist ein sehr junges Fest. Früher durften das ganze Jahr über Krebse gefangen werden, und deshalb war die kleine Delikatesse ganzjährig auf dem Speisezettel zu finden. Als zu Beginn des 20. Jahrhunderts der Krebsfang bis Mitte August verboten wurde, wurden die ersten Fangtage ausgiebig gefeiert. Diese Tradition setzte sich bis in unsere Tage hinein fort. Man setzt sich ein dreieckiges Papierhütchen auf den Kopf, bindet sich eine besonders große Serviette um den Hals und macht sich dann im Freundeskreis über die kleinen Meerestierchen her. Wer es besonders stimmungsvoll mag, hängt noch ein paar Lampions auf – die Krebssaison ist eröffnet. Allerdings kommen heute die Krebse meist nicht aus schwedischen Gewässern, sondern werden aus China, der Türkei und den USA importiert.

Martinstag

Am **11. November,** dem Martinstag, steht ein anderes Tier im Mittelpunkt des Feiertagslebens. Auf den meisten schwedischen Esstischen landet an diesem Tag die so genannte **Martinsgans.** Traditionsbewusste Haushalte servieren als Vorspeise **svartsoppa,** eine Suppe aus Gänseblut. Wer am Martinstag zum Essen eingeladen ist, kann eine Autopanne vortäuschen und verspätet zum Festessen erscheinen und so die doch etwas gewöhnungsbedürftige Vorspeise umgehen ...

Lucia-Fest

Am **13. Dezember** feiert man das Lucia-Fest. An diesem Tag werden Ihnen überall in Schweden Mädchen in langen weißen Gewändern mit dem charakteristischen Kerzenkranz auf dem Kopf begegnen. Jeder Verein, jede Schule und jeder Betrieb, alle haben sie ihre eigene Lucia, die an diesem Tag Kaffee und Pfefferkuchen serviert.

Ursprünglich war der Tag vermutlich der Heiligen Lucia aus Syracusa geweiht. Doch die heutige Lucia-Feier hat damit nichts mehr gemein. Im mittelalterlichen Kalendersystem galt die Nacht des 13. Dezember als längste des Jahres; um sie zu überstehen, brauchte man zusätzliche Nahrung. Deswegen feierte man diesen Tag mit reichlich Speis und Trank.

Gegen Ende des 18.Jahrhunderts werden in historischen Quellen zum ersten Mal weiß gekleidete Mädchen mit einem Lichterkranz auf dem Kopf erwähnt, die den nächtlichen Schmaus auftrugen. Allmählich verbreitete sich diese Sitte, und als während der 20er Jahre des 20. Jahrhunderts eine Tageszeitung eine Lucia-Wahl ausschrieb, ergriff die Lucia-Welle das ganze Land.

Weihnachten

Weihnachten ist wie in Deutschland auch ein Fest der Besinnung – und des Essens. Nur sehr traditionsbewusste Familien tun sich an diesem Tag noch den **lutfisk,** eine Art gekochten, getrockneten Stockfisch, an. Beliebter ist da schon der Weihnachtsschinken. Oft wird auch ein großes Weihnachtsmörgåsbord (siehe Kapitel „Essen und Trinken") aufgebaut. Die Geschenke bringt der **tomte,** die schwedische Form unseres Weihnachtsmannes. Der erste Weihnachtsfeiertag gehört ganz der Familie – und der Verdauung. Dann jedoch ist man wieder bereit zu neuen Taten und macht sich am zweiten Weihnachtstag auf, um Freunde und Bekannte zu besuchen.

Die Frau in der Gesellschaft

In der Politik

Alle nordeuropäischen Länder gelten in der Frage der Gleichstellung der Geschlechter als vorbildlich. Zumindest was die Repräsentation der Frau in der Politik betrifft, besteht dieses Urteil zu Recht. Sowohl in Norwegen als auch Finnland standen bereits Frauen an der Spitze der Regierung; in Schweden war dies bisher noch nicht der Fall. Dafür aber sind **47 Prozent der Abgeordneten im schwedischen Reichstag Frauen,** und damit steht das Land in der entsprechenden Weltrangliste mit deutlichem Abstand an erster Stelle, bezeichnenderweise vor den nordischen Nachbarländern Dänemark mit 38, Norwegen mit 37 und Finnland mit 36 Prozent. Zum Vergleich: Im deutschen Bundestag sind 31,7 Prozent der Abgeordneten weiblichen Geschlechts.

Der Frauenanteil im schwedischen Reichstag hat sich seit 1971 fast verdreifacht. Bei den letzten drei Wahlen stellte die größte politische Partei, die Sozialdemokratische Arbeiterpartei, auf ihren Wahlkreislisten systematisch abwechselnd weibliche und männliche Kandidaten auf (wie es die deutschen Grünen auch tun). Die Linkspartei ist heute die Partei im Parlament mit dem höchsten Frauenanteil. Auch ins Europäische Parlament haben die Schweden mit 44 Prozent anteilsmäßig die meisten Frauen entsendet.

Im Arbeitsleben

Im Arbeitsleben scheinen die Frauen ebenfalls gleichberechtigt – auf den ersten Blick, denn bei genauerem Hinsehen relativiert sich hier das Bild ein wenig. Zunächst zeigt ein Blick in die Statistik, dass mehr als 76 Prozent aller Frauen im Alter zwischen 20 und 64 Jahren erwerbstätig sind, der entsprechende Anteil der Männer liegt bei 81 Prozent. Damit weist Schweden von allen europäischen Ländern die geringste Differenz in der Erwerbsquote zwischen Männern und Frauen auf. Deutschland liegt mit einer Differenz von 17,7

got_118 Foto: rk

Prozent bei der Erwerbsquote von Männern und Frauen (Männer: 79,9 Prozent, Frauen: 62,2 Prozent) im Mittelfeld.

Die **hohe Beschäftigungsquote der Frauen** und die daraus resultierende Gleichberechtigung hat auch historische Gründe. Durch die relativ späte Industrialisierung und die große Armut waren die Frauen schon immer zur Mitarbeit gezwungen. Die Frage, ob die Frau zu Hause bleiben kann, stellte sich für die meisten Familien gar nicht.

Topjobs meist für Männer

Trotzdem ist auch in Schweden nicht alles Gold, was glänzt. Auch wenn die Schwedinnen fast die gleiche Beschäftigungsrate wie die Männer aufweisen, sind die Topjobs der Wirtschaft noch mehrheitlich von Männern besetzt. Umgekehrt sind bei den schlechter bezahlten Berufen die Frauen in der Mehrheit. Dies hat aber nicht mit einer eventuell schlechteren Ausbildung zu tun, sondern damit, dass die Frauen noch immer den Großteil der Hausarbeit und die Hauptverantwortung für die Kindererziehung übernehmen. 25 Prozent aller Frauen gehen, um Kinderbetreuung und Beruf vereinbaren zu können, einer Teilzeitbeschäftigung nach, während dies nur sieben Prozent der Männer tun.

got_120 Foto: rk

Kunst
und Kultur

Architektur – die gotländischen Kirchen

Holzkirchen

Als das Christentum **im 11. Jahrhundert** nach Gotland kam, wurden zunächst kleine Holzkirchen gebaut, von denen heute kaum noch Reste erhalten sind. Dass es für die ersten Christen nicht ganz leicht war, ein Gotteshaus zu errichten, erzählt die **Gota-Sage.** Sie weiß zu berichten, dass ein gewisser **Botaisr** aus Akebäck die erste Kirche baute. Die Inselbevölkerung, die damals noch zu großen Teilen heidnisch war, fand die Idee aber offenbar nicht so gut und brannte das Holzkirchlein sofort nieder. *Botaisr* ließ sich aber nicht einschüchtern und machte sich sofort daran, eine zweite Kirche zu bauen. Als sich die Inselbevölkerung erneut um die Kirche scharte, um sie niederzubrennen, stieg er auf das Dach der Kirche und drohte: „Wenn ihr die Kirche niederbrennen wollt, dann müsst ihr mich mit ihr verbrennen". Da *Botaisr* aber einer der mächtigsten Herrscher der Insel war, wagten es die Bauern nicht noch einmal, die Kirche in Brand zu setzen. Inwieweit die Erzählung der Sage mit den Tatsachen übereinstimmt, lässt sich heute nicht mehr ergründen. Wissenschaftlich gesichert ist aber, dass im 11. Jahrhundert mehrere Holzkirchen auf der Insel errichtet wurden. Schon im 12. Jahrhundert entstanden dann die ersten Kirchen aus Kalk- und Sandstein.

Steinkirchen

Zunächst kamen die Baumeister aus dem Ausland, doch schon bald erlernten die Gotländer die zum Kirchenbau nötigen Techniken. Während der Hochzeit des Kirchenbaus im **späten 12. und frühen 14. Jahrhundert** entwickelten sich auf der Insel **„Kirchenbaufirmen"**, die dann im Auftrag ein ganzes Gotteshaus erstellten. In solchen „Firmen" waren alle benötigten Spezialisten beschäftigt: Baumeister, Maurer, Steinmetze, Bildhauer, Maler, Zimmerleute, Schmiede und Kalkbrenner.

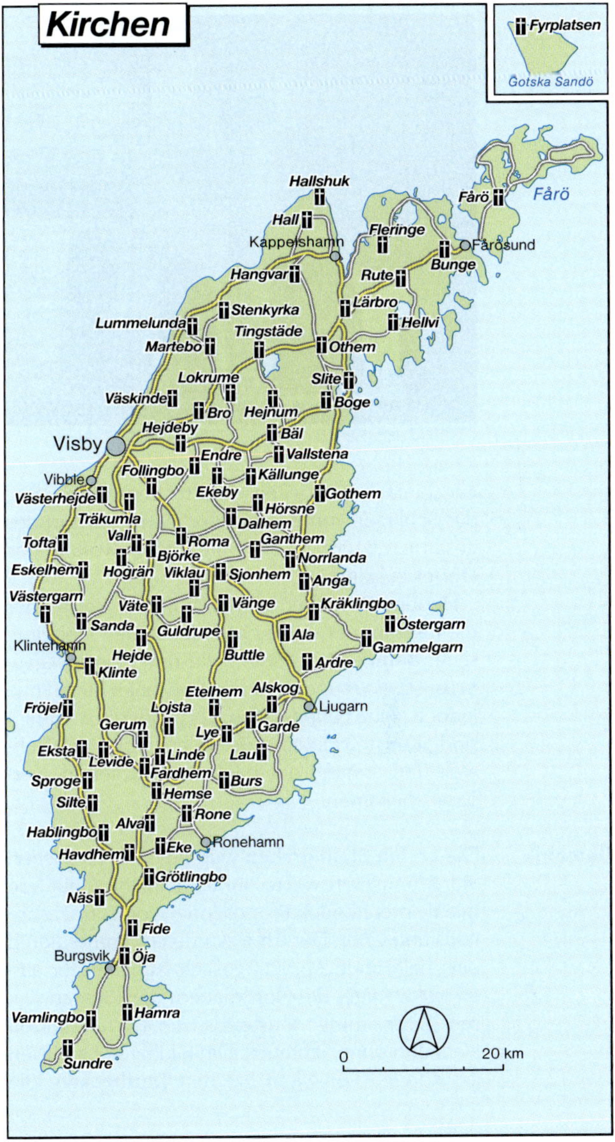
Kirchen
Fyrplatsen
Gotska Sandö
Hallshuk
Hall
Kappelshamn
Fleringe
Fårö
Fårö
Fårösund
Bunge
Hangvar
Rute
Lärbro
Stenkyrka
Hellvi
Lummelunda
Tingstäde
Martebo
Othem
Lokrume
Slite
Väskinde
Boge
Bro
Hejnum
Hejdeby
Bäl
Visby
Endre
Vallstena
Follingbo
Källunge
Vibble
Ekeby
Gothem
Västerhejde
Hörsne
Träkumla
Dalhem
Tofta
Vall
Roma
Ganthem
Björke
Norrlanda
Eskelhem
Hogrän
Viklau
Sjonhem
Anga
Västergarn
Väte
Vänge
Kräklingbo
Sanda
Östergarn
Guldrupe
Ala
Klintehamn
Hejde
Buttle
Gammelgarn
Klinte
Ardre
Etelhem
Alskog
Fröjel
Lojsta
Ljugarn
Gerum
Garde
Lye
Eksta
Levide
Linde
Lau
Fardhem
Sproge
Burs
Hemse
Silte
Rone
Alva
Hablingbo
Eke
Ronehamn
Havdhem
Grötlingbo
Näs
Fide
Burgsvik
Öja
Vamlingbo
Hamra
Sundre
0
20 km

got_124 Foto: rk

Für „einfache" Arbeiten, das Brechen von Steinen, das Schlagen von Bauholz und den Transport des gesamten Baumaterials, waren die Bewohner des Dorfes zuständig.

Heutige Besucher werden auf ihrer Reise über die Insel immer wieder auf die Namen einheimischer **Baumeister** stoßen, wie zum Beispiel *Egypticus, Elasticus* und *Ronensis.* Von ihnen kennt man jedoch keine Lebensdaten, und selbst ihre Namen sind „Kunstprodukte", die sie erst von der Nachwelt und anhand der baulichen Vorlieben „verpasst" bekamen.

Romanik

Die **ersten Steinkirchen** wurden im romanischen Stil gebaut. Oft waren sie einheitliche Gebäude mit ansprechenden Proportionen von Turm, Langhaus und Chor. Der Chor wurde fast immer durch eine halbrunde Apsis abgeschlossen. Fenster gab es nur wenige, die Nordmauern der Kirchen waren sogar immer fensterlos, die Portale waren klein und ohne Schmuck. Die Bildhauer bewiesen ihr Können vor allem bei den **Taufbecken,** die

In der Kirche von Gothem

auch heute noch zu den eindrucksvollsten Sehenswürdigkeiten der gotländischen Landkirchen gehören. Die für unsere Zeit enorme Größe der Becken erklärt sich dadurch, dass damals nicht nur der Kopf des Täuflings mit Wasser übergossen, sondern das ganze Kind unter Wasser getaucht wurde. Die gotländischen Taufsteine waren in ihrer Zeit so beliebt, dass sie auch exportiert wurden. Typisch für die Inselkirchen sind die **bunten Kalkmalereien,** die Wände und Gewölbe zieren.

Gotik

Im Laufe des 13. Jahrhunderts wurden in den meisten Landgemeinden die **Kirchen erweitert.** Zwar hätten auch die kleinen romanischen Kirchen ausreichend Platz für die wenigen Dorfbewohner geboten, doch den inzwischen zu Reichtum gekommenen Bauern waren sie zu einfach und unansehnlich. Im gotischen Stil wurden der Chor angebaut und das Langschiff erweitert, und meist wurde an das Kirchengebäude auch ein Turm angefügt. Die Fenster wurden vergrößert und mit den für die Gotik typischen Spitzbögen versehen. Die Portale wurden ebenfalls vergrößert und durch Säulen, Figuren und Ornamente verschönert. Über vielen Eingangsportalen thront der auferstandene Christus. Aus dieser Zeit stammen auch die prachtvollen **Triumphkruzifixe,** die noch heute in den meisten Inselkirchen hängen. In den ärmeren Gemeinden fehlte manchmal das Geld, um die ganze Kirche im gotischen Stil umzubauen. Dann wurde nur der Chor angebaut. Dadurch erhielten die Kirchen ein fast sattelförmiges Aussehen. So kann man an der Form einer Kirche noch heute erkennen, wie reich die Gemeinde war.

Ende des Kirchenbaus

Vom späten 12. bis zur Mitte des 14. Jahrhunderts wurden über 100 Kirchen auf Gotland gebaut, jede noch so kleine Gemeinde hatte ihr eigenes Gotteshaus. Mit dem Einmarsch der Dänen im Jahre **1361** kam der Kirchenbau von einem Tag auf den anderen zum Erliegen. Die wirtschaftliche

Lage der Bauern verschlechterte sich durch Missernten, hohe Steuern und Krankheitsepidemien. Für den Kirchenbau blieb unter diesen Bedingungen kein Geld mehr übrig. Trotzdem wurde die Kirchen weiter verschönert. In dieser Zeit entstanden viele der bunten **Wandmalereien.** Ihre künstlerische Qualität variiert und reicht von detailreichen Darstellungen bis zu einfachen, schablonenhaften Zeichnungen. Und in der Tat entstanden manche Malereien wirklich mit Hilfe von Schablonen. Da die meisten Menschen zur damaligen Zeit nicht lesen konnten und ihnen somit die Botschaft der Heiligen Schrift verschlossen blieb, dienten die Kalkmalereien nicht nur der Ausschmückung, sondern auch zur Belehrung der Kirchgänger. In den meisten Kirchen ist die Leidensgeschichte Christi zu sehen, denn die sollten alle Gläubigen kennen.

Reformation

Die Reformation, die von Dänemark nach Gotland kam, hatte zunächst kaum Einfluss auf die Ausgestaltung der Kirchen. Bauliche Veränderungen wurden kaum vorgenommen, und in vielen Kirchen durften sogar die von der Reformation verschmähten Heiligenbilder auf ihrem Platz bleiben. Während der Barockzeit im 17. Jahrhundert wurden von einigen Kirchengemeinden Altaraufsätze aus Sandstein hinzugekauft.

Während die meisten Kunstschätze die Reformation unbeschadet überstanden, gingen im 19. Jahrhundert einige Teile der wertvollen Einrichtung verloren. Nach damaligem Geschmack waren die Kirchen zu dunkel und bunt, daher wurden vielerorts die Kalkmalereien übermalt und die Glasmalereien entfernt. Teilweise wurden auch neue Fenster in die Kirchen hineingebrochen, um mehr Licht hereinzulassen. Die meisten Holzstatuen landeten entweder im Kamin oder bestenfalls auf dem Dachboden. Die alten, reich geschmückten, aber meist zu engen Sitzreihen wurde herausgerissen und durch „moderne“, bequemere ersetzt. Gotland war damals aber, anders als im Mittelalter, keine besonders reiche Insel, und vielerorts fehlte das Geld für die Umbauarbeiten. Deshalb sind die Veränderungen, die an den gotländischen Kirchen vorgenommen wurden, im Vergleich zum schwedischen Festland relativ gering. Viele Kalkmalereien wurden inzwischen wieder freigelegt und zieren erneut die Innenräume.

Die meisten Kirchen sind nur bis Mitte August geöffnet. Danach muss man sich den Kirchenschlüssel für die Besichtigung im Pfarrhof holen.

Literatur

Petrus de Dacia

Sieht man einmal von den Inschriften der Runensteine ab, so sind religiösen Texte aus dem 13. Jahrhundert die ersten in Schweden erschienenen literarischen Werke. Der Dominikanermönch *Petrus de Dacia* (1230–1289), der zwar in Halmstad geboren wurde, aber lange im Kloster St. Nicolai in Visby lebte, verfasste die **Lebensgeschichte einer Nonne.** Der Mönch hatte in Köln die Klosterfrau *Christina von Stommeln* kennen und wohl auch lieben gelernt – zeitlebens wechselten sie Briefe, und schließlich verfasste *Petrus de Dacia* die Biografie seiner „Freundin“. Schon sonderbar: Die Liebelei zwischen zwei Ordensleuten bescherte uns das erste Werk der schwedischen Literaturgeschichte.

Gota-Sage und Gutalagen

Auch die Gota-Sage und das Gutalagen (dt. Gesetz der Goten) wurden im 13. Jahrhundert verfasst. Die eine erzählt die Geschichte der Gotländer, das andere gibt rechtliche Anweisungen und Hinweise für den täglichen Umgang miteinander.

Carl von Linné

Ein wichtiges Werk, aus dem wir noch heute viel über das damalige Leben auf der Insel erfahren, ist *Carl von Linnés* **„Öländische und gotländische Reise“,** in dem er 1741 seine Erlebnisse niederschrieb (siehe auch den Exkurs zu *Linné*).

Per Arvid Säve

Der Pastorensohn *Per Arvid Säve* (1811–1887) aus Roma wurde vor allem durch seine Schilderungen gotländischen Landlebens bekannt. Zusammen mit seinem Bruder gab er auch ein Lexikon der gutnischen Sprache heraus.

David Ahlqvist

Durch seine Romane, die vor allem das Leben einfacher gotländischer Bauern und Fischer als Rahmen hatten, machte sich *David Ahlqvist* (1900–1988), der auch als Maler, Bildhauer und Komponist wirkte, einen Namen.

Wie er beschäftigte sich auch eine ganze Reihe weiterer Autoren mit diesem Thema, beispielsweise **Anna Kajsa Hallgard** und **Pelle Sollerman.** Auch **Gustaf Larsson,** der bekannteste Lyriker der Insel, wählte meist das Leben einfacher Menschen und die gotländische Natur als Hintergrund für seine Gedichte. Die Krimiautorin **Mari Jungstedt** lebt zwar in Stockholm, verbringt aber ihre Sommerferien auf Gotland. Sie hat die Insel schwedenweit bekannt gemacht, spielen doch hier ihre zum Teil schon verfilmten Kriminalromane.

Malerei

Johan Bartsch

Abgesehen von den **Malereien in den Kirchen** Gotlands, die größtenteils zwischen dem 13. und 15. Jahrhundert entstanden, sind vor allem die **Wandmalereien in den Bürgerhäusern** bemerkenswert. Der aus Deutschland eingewanderte Johan Bartsch war im 17. Jahrhundert der bekannteste gotländische Maler. Von ihm stammen unter anderem die Wandmalereien im Burmeister-Haus in Visby.

C. G. Hellqvist

Im 19. Jahrhundert war in Schweden die Blütezeit der **Landschaftsmalerei,** viele Künstler kamen nach Gotland, um sich von der Natur der Insel inspirieren zu lassen. Die Altstadt von Visby wiederum lockte **Historienmaler** an, die sie als Hintergrund für ihre Werke wählten. Das wohl bekann-

Christopher Polhem

Christopher Polhem gilt als **Vater der schwedischen Mechanik** und ist **wahrscheinlich der berühmteste Gotländer.** Er wurde am 18. Dezember 1661 in Tingstäde geboren und starb am 30. August 1751 in Stockholm.

Polhem kann man mit Fug und Recht als Universalgenie bezeichnen. Er war Techniker, Mediziner, Wirtschaftswissenschaftler, Musiker, Philosoph, Politiker u.v.m. Im Laufe seines langen Lebens machte er vor allem im Maschinenbau, der Bautechnik und im Bergbau unzählige Erfindungen. Auch eine automatische Orgel hat er ersonnen, er plante ein U-Boot und schrieb ein Kochbuch.

Von 1687 an studierte er an der Universität in Uppsala Mechanik, Physik und Mathematik. Mit Hilfe eines Stipendiums bereiste er zwischen 1694 und 1697 Deutschland, Frankreich, England und Holland und führte dort unzählige Studien durch. Nach seiner Rückkehr nach Schweden gründete er das „Laboratorium Mechanicum", eine Art Technikerschule, und Schwedens erste „Fabrik", das „Manufakturverk" in Stjernsund, wo unter anderem Bausätze für Uhren hergestellt wurden. Im Jahr 1700 bekam er eine Anstellung als Chefkonstrukteur in der Erzgrube von Falun. König *Karl XII.* wurde schon früh auf den Erfinder aufmerksam und verlieh ihm 1716 den Adelstitel. Bis dahin hieß *Polhem* noch *Polhammar,* doch dieser Name war ihm wohl nicht blaublütig genug, denn seit er adelig war, nannte er sich *Polhem.* 1718 beauftragte ihn der König mit dem Bau eines Kanals zwischen der Ostsee und dem Kattegatt. Der Bau wurde zwar in Angriff genommen, aber erst einhundert Jahre später verwirklicht.

Wie gut der Ruf *Polhems* damals auch international war, zeigt die Tatsache, dass sowohl der russische Zar *Peter I.* als auch der englische König *Georg I.* an *Polhems* Diensten interessiert waren.

Polhem ist auch heute noch jedem Schweden ganz nahe, er „sitzt" nämlich in vielen Geldbörsen – auf dem 500-Kronen-Schein ist sein Konterfei abgebildet.

teste Gemälde dieser Art ist *C. G. Hellqvists* Werk, das die Brandschatzung Visbys durch den Dänenkönig *Valdemar Atterdag* zeigt. *Hellqvist* fertigte die Skizzen zu diesem Gemälde bereits 1871 während eines Besuchs auf der Insel an. Diese scheint er aber verloren zu haben, denn als er 1882 das Gemälde endlich in Angriff nahm, bannte er nicht die Hauptstadt Gotlands auf die Leinwand, sondern Gebäude aus seinem damaligen Aufenthaltsort München.

Axel Sparre

Auch der bekannte finnische Maler *Axel Sparre* verbrachte oft seine Sommerferien in Ljugarn. Dabei entwickelte sich eine Freundschaft mit *David Ahlqvist* (1899–1988). Von *Sparre* inspiriert, schuf dieser eine ganze Reihe eindrucksvoller Landschaftsbilder.

Musik

Die Volksmusiktradition in Gotland geht bis ins 18. Jahrhundert zurück, als man anlässlich von Festen auf den Bauernhöfen Walzer und Polka spielte. Die Musiker waren keine Profis, sondern einfach musikbegabte Bauern. Das traf auch auf die **Groddarkarlarna,** die „Kerle aus Grodda", zu, die die ersten „Musikstars" auf der Insel waren. Die Bauern hatten im Norden der Insel ein Wirtshaus und spielten dort immer zum Tanz auf. Bald schon entwickelte sich ihr Hof Groddagården zu einem regionalen „Musikzentrum".

Svante Petterson

Svante Pettersson war in den 1950er Jahren ein beliebter Schlagersänger, der mit seinen Gotland-Liedern die Insel bekannt machte. Seine „Gotländsk sommernatt" (dt. Gotländische Sommernacht) konnte damals jeder mitsingen.

Friedrich Mehlers

Friedrich Mehlers (1896–1981) gilt als der bedeutendste gotländische Komponist des 20. Jahrhunderts; über die Inselgrenzen hinaus ist er aber nur wenig bekannt. Trotzdem kann es durchaus sein, dass Sie als Besucher der Insel die Gelegenheit haben, sein bekanntestes Werk zu hören, ein Singspiel, das sich mit dem Leben des Mönchs *Petrus de Dacia* befasst. Es wird fast jedes Jahr im Sommer in einer der Ruinen Visbys zur Aufführung gebracht.

Ainbusk

Die **bekannteste moderne Band** aus Gotland ist fraglos Ainbusk. Die vier Frauen aus der Gemeinde När singen schon seit 1983 zusammen und gehören in Schweden zu den ganz Großen. Mit ihren Alben landen sie regelmäßig auf den Spitzenplätzen der Charts. Neben eigenen Kompositionen versuchen sie sich auch an Neubearbeitungen von Songs von so unterschiedlichen Künstlern wie *John Lennon,* The Pogues oder *Lucinda Williams.* Ainbusk treten nach wie vor häufig in Gotland auf und geben fast jeden Sommer mindestens ein Konzert auf der Insel.

Infos

Weitere Informationen zur aktuellen Musikszene in Gotland findet man **im Internet** unter:

- www.gotlandsmusiken.se
- www. musikpagotland.org

Theater

Theaterfreunde sollten vor allem im Sommer nach Gotland kommen. Die vielen historischen Gebäude auf der Insel bieten den Theatergruppen eine große Auswahl hinsichtlich der Kulisse ihrer **Freiluftaufführungen.** Am bekanntesten ist die Klosterruine von Roma, wo jedes Jahr ein anderes Stück von *Shakespeare* aufgeführt wird. Einziger Nachteil: Wer kein Schwedisch versteht, hat nur den halben Genuss. Aber auch der kann enorm sein, denn die majestätische Kulisse allein entfaltet ihre Wirkung.

Infos

- Informationen über die aktuellen Aufführungen erhält man bei **Gotlands turistföreningen.**

got_132 Foto: rk

Visby

Einleitung

Visby, mit etwa **22.000 Einwohnern** der bei weitem größte Ort Gotlands, liegt an einen Hügel geschmiegt **am Ufer der Ostsee.** Um alle Sehenswürdigkeiten des Ortes zu „ergehen", empfiehlt es sich, im „Zick-Zack-Kurs" langsam die Anhöhe hinaufzusteigen.

Stadtrundgang

Touristeninformation

Den Stadtrundgang beginnt man am besten an der Touristeninformation in der **Skeppsbron 4** am Hafen. Wer sich dort mit Informationsmaterial versorgt hat und sich erst einmal „einlesen" will, kann seinen Spaziergang gleich mit einer Pause in einem der vielen Cafés und Restaurants am Wasser beginnen. Empfehlenswert ist das Hamnplan 5 mit seiner Dachterrasse, von der man einen herrlichen Blick über den Hafen hat. Ansonsten führt der Weg die Hamngatan entlang, am deutschen Konsulat vorbei zum Donnersplats und zur Strandgatan. Die **Strandgatan** – übersetzt Strandstraße – trägt ihren Namen völlig zu Recht, auch wenn sie heute etwa 100 Meter vom Meer entfernt liegt. Im Mittelalter schlugen die Wellen der Ostsee direkt vor der Strandgatan gegen die Stadtmauer, und dementsprechend liegen hier auch viele Speicherhäuser, in denen die Waren, die die Schiffe anlandeten, gelagert wurden. In der Strandgatan befinden sich einige der größten historischen Sehenswürdigkeiten Visbys, und jeder kulturinteressierte Besucher der Stadt wird hier entlanggehen wollen – aber auch wer weniger an „altem Gemäuer" und dafür mehr an Essen, Trinken und guter Laune interessiert ist, ist hier richtig. Seit an Seit liegt hier ein Restaurant am anderen, die im Sommer auch im Freien Sitzgelegenheiten anbieten.

Burmeister-Haus

Bevor Sie sich auf dem Weg machen, sollten Sie zunächst an der Ecke Donnersplats/Strandgatan das Burmeister-Haus aus dem Jahr 1652 besuchen. Es wurde für einen Lübecker Handelskaufmann errichtet und ist in Visby eine Einmaligkeit. Der Kaufmann passte sein Haus nämlich nicht der einheimischen Bauweise an, sondern ließ es in einem Stil errichten, der damals typisch für Norddeutschland war. Im Erdgeschoss ist heute eine kleine **Ausstellung zur Geschichte Visbys** untergebracht, die man kostenlos besichtigen kann. Hier erfährt man beispielsweise auch, dass Visby 1995 von der UNESCO zum **Weltkulturerbe** ernannt wurde. In der Begründung heißt es unter anderem: „Visby ist ein äußerst bedeutendes Beispiel für eine nordeuropäische, von Mauern umschlossene Hansestadt, die auf einzigartige Weise ihr Stadtbild und ihre äußerst wertvolle Bebauung bewahrt hat."

got_135 Foto: rk

Visby
100 m
138
INNERSTADEN
Shopping-Center
Östervag
Skolportsgatan
Kung Magnus väg
S:t Göransg
SOLBERGA
galeden
Solber-
Artillerigatan
Peder Hardings väg
Östra Hansegatan
Palissadgatan
Visborgsgatan
Byrumsgatan
HÄLLARNA
Södervåg
Kopparsviksgatan
Gutevägen
Tallundsgatan
Stenkumlaväg
Järnvägsgatan
Liljewalchsvägen
Lännavägen
Fältgatan
Säves väg
Kolonigatan
Halsjärnsgatan
Söderhemsgatan
Klintehamn
VÄRNHEM

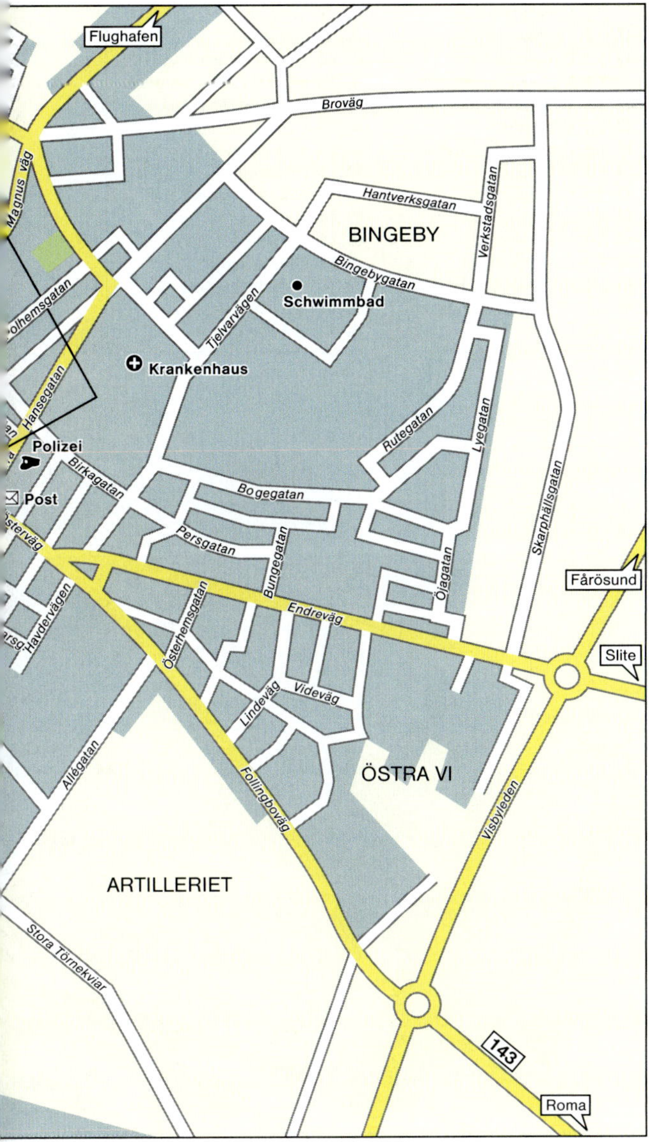
Flughafen
Broväg
Magnus väg
Hantverksgatan
Verkstadsgatan
BINGEBY
Bingebygatan
Schwimmbad
Tjelvarvägen
Krankenhaus
olhemsgatan
Hansegatan
Polizei
Birkagatan
Post
Rutegatan
Lyegatan
Bogegatan
Persgatan
Bungegatan
Skarphällsgatan
Östervåg
Öjagatan
Fårösund
Havdervägen
Endreväg
Österhemsgatan
Slite
Lindeväg
Videväg
Allégatan
Follingboväg
ÖSTRA VI
Visbyleden
ARTILLERIET
Stora Törnekviar
143
Roma

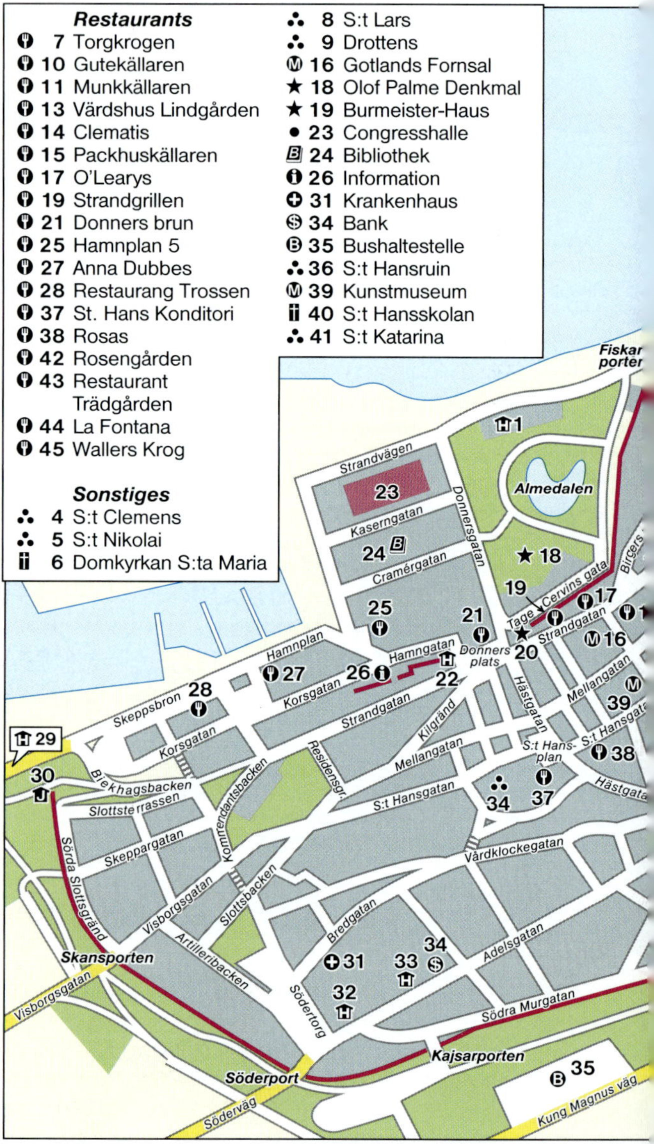
Restaurants
7 Torgkrogen
10 Gutekällaren
11 Munkkällaren
13 Värdshus Lindgården
14 Clematis
15 Packhuskällaren
17 O'Learys
19 Strandgrillen
21 Donners brun
25 Hamnplan 5
27 Anna Dubbes
28 Restaurang Trossen
37 St. Hans Konditori
38 Rosas
42 Rosengården
43 Restaurant Trädgården
44 La Fontana
45 Wallers Krog
Sonstiges
4 S:t Clemens
5 S:t Nikolai
6 Domkyrkan S:ta Maria
8 S:t Lars
9 Drottens
16 Gotlands Fornsal
18 Olof Palme Denkmal
19 Burmeister-Haus
23 Congresshalle
24 Bibliothek
26 Information
31 Krankenhaus
34 Bank
35 Bushaltestelle
36 S:t Hansruin
39 Kunstmuseum
40 S:t Hansskolan
41 S:t Katarina
Strandvägen
Kaserngatan
Cramérgatan
Donnersgatan
Almedalen
Cervins gata
Tage
Strandgatan
Hamnplan
Hamngatan
Donners plats
Korsgatan
Skeppsbron
Strandgatan
Kilgränd
Hästgatan
Mellangatan
S:t Hansgatan
S:t Hans-plan
Residensgr.
Blekhagsbacken
Slottsterrassen
Kommendantsbacken
Skeppargatan
Sörda Slottsgränd
Visborgsgatan
Slottsbacken
Artilleribacken
Skansporten
Bredgatan
Vårdklockegatan
Adelsgatan
Södertorg
Södra Murgatan
Kajsarporten
Söderport
Söderväg
Kung Magnus väg

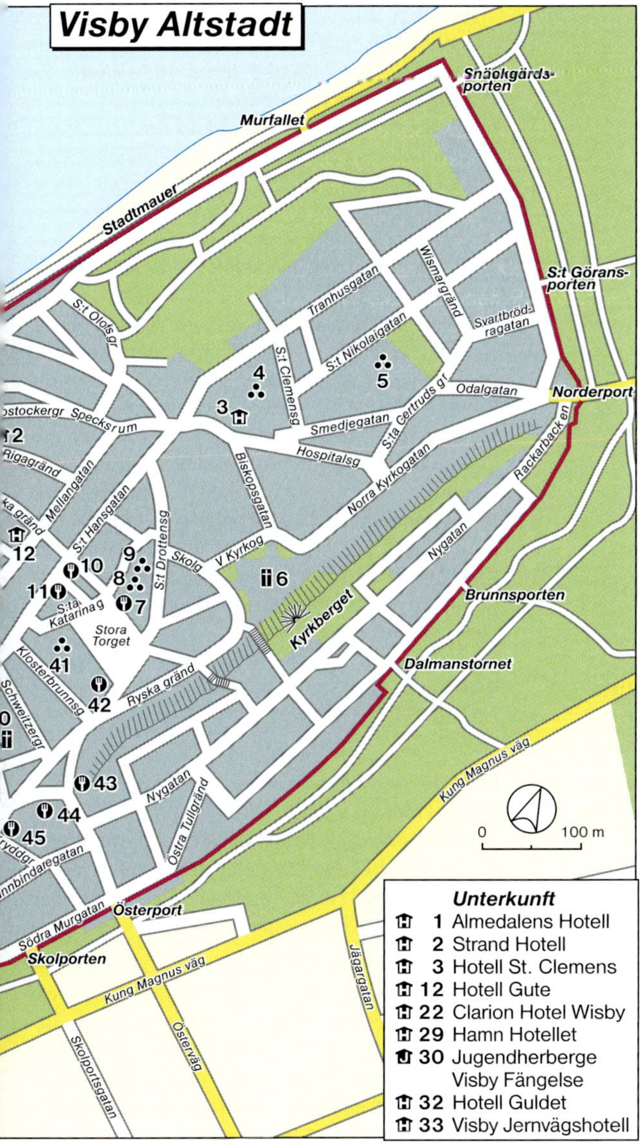
Visby Altstadt
Snäckgärds-porten
Murfallet
Stadtmauer
S:t Görans-porten
Norderport
Brunnsporten
Dalmanstornet
Österport
Skolporten
S:t Olofs gr
Tranhusgatan
Wismargränd
Svartbröd-ragatan
S:t Nikolaigatan
S:t Clemensg
Odalgatan
S:ta Gertruds gr
Smedjegatan
Hospitalsg
Specksrum
Rigagränd
Mellangatan
S:t Hansgatan
Biskopsgatan
Norra Kyrkogatan
Rackarbacken
S:t Drottensg
Skolg
V Kyrkog
Nygatan
Kyrkberget
S:ta Katarinag
Stora Torget
Klosterbrunnsg
Schweitzergr
Ryska gränd
Nygatan
Östra Tullgränd
Södra Murgatan
Kung Magnus väg
Jägargatan
Österväg
Skolportsgatan
0
100 m
1
2
3
4
5
6
7
8
9
10
11
12
41
42
43
44
45
Unterkunft
1 Almedalens Hotell
2 Strand Hotell
3 Hotell St. Clemens
12 Hotell Gute
22 Clarion Hotel Wisby
29 Hamn Hotellet
30 Jugendherberge Visby Fängelse
32 Hotell Guldet
33 Visby Jernvägshotell

Wer auch den ersten Stock im Burmeister-Haus besuchen will, muss einen Obolus von 20 Kronen entrichten. Die Ausgabe lohnt sich, denn die **Wandmalereien** des deutschstämmigen Malers *Johan Bartsch,* die entsprechend des damaligen Geschmacks vor allem Jagdmotive darstellen, sind sehr sehenswert. Die Räume zählen zu den besterhaltenen aus der Barockzeit in Schweden. *Bartsch* war in jener Zeit einer der herausragenden Maler der Insel, und seine Werke sind in zahlreichen Kirchen zu sehen, unter anderem in Alskog, Bäl und Levide. Interessant ist, wie unterschiedlich die Zimmer des Hauseigentümers und des Gesindes ausgestattet waren. Während die Räume der Herrschaften reich verziert waren, mussten die Knechte mit einem relativ schmucklosen Raum vorlieb nehmen. Allzu viel Kunst wäre hier auch verschwendet gewesen, denn viel konnte man ohnehin nicht sehen: Das Fenster, das den Raum heute erhellt, wurde erst viel später eingefügt. Zur Bauzeit war Glas nämlich sehr teuer und dementsprechend nur für die Räumlichkeiten der Herrschaften vorgesehen.

Info

- **Öffnungszeiten:** Das Burmeister-Haus kann von innen nur im Sommer besichtigt werden.

Lange-Haus

Dem Burmeister-Haus schräg gegenüber liegt das Lange-Haus aus dem 13./14. Jahrhundert. Von wem dieses große **Speichergebäude** erbaut wurde, ist nicht bekannt. Seinen Namen hat es jedenfalls nach einer Familie erhalten, die es zwischen 1692 und 1832 besessen hat.

Gotlands Fornsal

Gleich nebenan befindet sich das **Landesmuseum** Gotlands Fornsal, das die Geschichte der Insel erzählt. Es zählt zu Recht zu den am meisten besuchten Regionalmuseen Schwedens, denn hier wird dem Besucher auf sehr unterhaltsame Weise **Gotlands Vergangenheit** näher gebracht. Ein besonderes Augenmerk sollte man auf die Bildsteine richten, die im Eingangsraum ausgestellt sind. Weiter sehenswert ist ein Stadtmodell, das Visby im Mittelalter zeigt. Ebenfalls gezeigt werden unter anderem reiche Goldschätze aus der Wikingerzeit und sakrale Ausstellungsstücke aus den Landkirchen der Insel. Seit einigen Jahren ist dem Museum auch ein naturkundlicher Teil angegliedert. Außerdem gehört auch die eigenständige **Ausstellung Fenomenalen** zum Landesmuseum. Hier können Jugendliche Wissenschaft durch eigene Experimente hautnah erleben.

Der Ausstellungsort könnte nicht besser gewählt sein, denn das Gebäude blickt auf eine ereignisreiche Geschichte zurück und war im Mittelalter ein großes Handelshaus, danach eine Schnapsbrennerei, eine Kaserne, ein Militärkrankenhaus und schließlich eine Lagerhalle.

Infos

- **Öffnungszeiten:** Fornsalen, Fenomenalen Di bis So 12.00–16.00 Uhr, vom 15.5. bis 17.9. täglich 10.00–18.00 Uhr; Do bis 19 Uhr.
- **Eintritt:** Fornsalen 75 SEK, Fenomenalen 75 SEK. Mit einem Kombiticket (in allen staatlichen Museen erhältlich) für 140 SEK (Schüler und Studenten 120 SEK) kann man beide Museen und noch einige weitere Museen auf Gotland, die vom Landesmuseum (Länsmuseum) verwaltet werden, besuchen.

Gotland ist um einen Wikinger-Schatz reicher

Am 24. Oktober 2006 entdeckten zwei junge Schweden im Süden Gotlands einen großen Wikinger-Schatz, der etwa auf das Jahr 1050 datiert wird. Es wurden an die 1300 arabischen Silbermünzen, fünf Armreifen, eine Halskette und sechs Silberstücke gefunden. Die Fundsachen sind seit Juni 2007 gemeinsam mit anderen großen Wikingerschätzen im umgebauten Fornsal in Visby zu sehen. Der bis dahin weltweit größte Wikinger-Schatz war 1998 im nordöstlichen Teil Gotlands entdeckt worden.

Packhusplan

Wenige Schritte weiter passiert man das Mitte des 13. Jahrhunderts erbaute **Speicherhaus der Familie Liljehorn.** Seinerzeit gehörte es zu den größten Speichern Nordeuropas; heute ist in dem Haus ein **beliebtes Restaurant,** der „Packhuskällaren", untergebracht. Am Packhusplan (dt. Speicherplatz) schlug im Mittelalter das Herz der Stadt. Hier stand das **Rathaus,** von dem heute allerdings keine Reste mehr erhalten sind, und direkt vor den Stadtmauern lag der alte **Hafen,** wo die Handelsschiffe aus Lübeck, Nowgorod und den anderen Hansestädten ihre Waren anlieferten. Interessant auch, dass damals deutsche und gotländische Ratsherren gleichberechtigt Entscheidungen trafen – wenn man aber weiß, dass im Mittelalter die Hälfte der Stadtbevölkerung aus deutschen Handelskaufleuten bestand, wird die auf den ersten Blick verwunderliche Tatsache leicht erklärlich. Das Rathaus wurde damals auch Weinhaus genannt, weil der Weinverkauf ein Privileg der Ratsherren war. Schon damals verstanden es Politiker offenbar, sich einträgliche Nebengeschäfte zu verschaffen.

Clematis-Haus

Auch im nächsten Gebäude aus dem Mittelalter, dem Clematis-Haus, wird heute getafelt. Im gleichnamigen **Wirtshaus** kann man nämlich im Keller **Speisen auf Mittelalterart** zu sich nehmen, sicherlich ein ganz ungewöhnliches Essvergnügen. Für 310 Kronen wird ein komplettes Mittelaltermenü kredenzt. Im 18. und 19. Jahrhundert waren in dem Haus übrigens zunächst eine Tabak- und dann eine Zuckerfabrik untergebracht.

Gamla Apoteket

An der Ecke zur **Lybskagränd,** der Lübecker Gasse, passiert man die Gamla Apoteket, die **Alte Apotheke.** Medizin konnte man hier aber erst im 19. Jahrhundert kaufen, vorher war auch die Alte Apotheke ein Lagerhaus.

Kruttorn, der älteste Turm der Stadtmauer

Kruttorn

Mit dem Kruttorn (dt. Pulverturm) erreicht man schließlich den **ältesten Turm der Stadtmauer,** der Mitte des 12. Jahrhunderts errichtet wurde und damit zu den ältesten Profangebäuden Nordeuropas gehört. Seinen Namen bekam er erst im 18. Jahrhundert, als hier Schießpulver gelagert wurde, vorher hieß er Lange Brücke- oder Schafsturm. Wie einige andere Türme der Stadtmauer, wurde auch der Pulverturm im Laufe der Geschichte als Gefängnis benutzt.

Fiskargränd

Nachdem man einige Schritte in der Strandgatan weiter gegangen ist, biegt man rechter Hand in die Fiskargränd, die **wohl schönste Gasse der Stadt,** ein. Hier scheinen die größten Pflanzenliebhaber der Stadt zu wohnen, denn vor den Häuschen wachsen üppige Blumen, und auch die

got_143 Foto: rk

got_144 Foto: rk

bunt bemalten Gartenmauern und -zäune können das Grün nicht bändigen. In früheren Zeiten wohnten hier Fischer, denn vor dem Pulverturm lag der Fischereihafen, Böttcher, die die Fässer für die Lagerung des Fanges lieferten, sowie Gerber und Schuhmacher.

St. Olafs-Kirche

Am Ende der Gasse wendet man sich nach links und steht auch schon vor den **Ruinen** der ehemaligen St. Olafs-Kirche. Diese stammt aus dem frühen 13. Jahrhundert und zählte damals zu den größten der Stadt; sie war dem norwegischen König *Olaf dem Heiligen* geweiht. Nach dem Mittelalter wurde die Kirche abgerissen, die Steine wurden zum Hausbau benutzt. Im Nordosten Visbys standen zunächst nur einfache Holzhütten der ärmeren Bevölkerung, Steinhäuser wurden hier erst errichtet, als St. Olaf zum Abriss freigegeben wurde und die Steine der Kirche zum Bau der Häuser verwendet werden konnten.

Zusammengewachsen: Kirchen St. Hans und St. Peter

Das romantische Gelände der St. Hans Konditori

Botanischer Garten

An der St.-Olafs-Ruine liegt der Eingang zum Botanischen Garten. Natürlich kann man hier viele Rosen sehen, doch die wachsen überall in der Stadt – nicht umsonst wird Visby „Stadt der Rosen" genannt. Viele der anderen Gewächse bekommt man aber sonst nur selten zu sehen, und unter dem grünen Blätterdach von Maulbeerbäumen und Platanen kann man sich sehr schön von den Anstrengungen der Stadtwanderung erholen. Der Eintritt zum Botanischen Garten ist im Übrigen **kostenlos,** so dass hier das Picknick im Grünen nicht einmal die Brieftasche belastet.

Mellangatan

Durch die Mellangatan geht es wieder zurück in **Richtung Stadtmitte** zurück. An der Hausnummer 56 lohnt ein kleiner Zwischenstopp in der Glasbläserei. Wenn man Glück hat, kann man hier nicht nur kaufen, sondern auch den Glasbläsern zusehen. Einige Schritte weiter liegt auf der rechten Straßenseite das Krukmakarens hus (Hausnummer 21) aus dem 13. Jahrhundert, in dem heute die Heilsarmee ein Café unterhält. Kurz nachdem wir den Hintereingang von Gotlands

got_145 Foto: rk

Fornsal passiert haben, erreichen wir die Rote Mühle, **Röda Kvarn** (Hausnummer 17), eines der Kinos in Visby. Für sprachkundige Filmfreunde ist Schweden übrigens ein ideales Reiseland, denn alle Streifen werden im Original mit Untertiteln gezeigt. An der Ecke Hastgatan biegen wir links ab und kommen zum **St. Hansplan.** Dort liegt auch schließlich die St. Hans Konditori. Hier kann man sich für relativ wenig Geld in romantischer Umgebung stärken. Wo sonst auf der Welt kann man schon seinen **Kuchen in** den **Ruinen** einer alten Kirche zu sich nehmen? Die zusammengebauten **Kirchen St. Hans und St. Peter** bildeten im 13. Jahrhundert das größte Kirchenensemble der Stadt. Wie so viele Gotteshäuser verfielen sie nach der Reformation im 16. Jahrhundert, im 18. Jahrhundert wurden die Ruinen schließlich ganz offiziell als Steinbruch freigegeben.

Kunstmuseum

Vom St. Hansplan wendet man seine Schritte in die entgegengesetzte Richtung und geht durch die **St. Hansgatan** in Richtung Norden. Am sehr gemütlichen **Café Rosas** mit seinem schönen Innenhof vorbei, kommt man zum Kunstmuseum in der St. Hansgatan 21. In dem Gebäude, im dem früher die Vorschule untergebracht war, sind Werke gotländischer Künstler vom frühen 19. Jahrhundert bis heute ausgestellt.

Infos

- **Öffnungszeiten:** Mitte August bis Mitte Juni, 12–16 Uhr, Mo geschl., Mitte Juni bis Mitte August, tgl. 11–17 Uhr.
- **Eintritt:** 40 SEK; das Kombiticket für alle Landesmuseen kostet 120 SEK.

Kirchen St. Lars und Drotten

Am **Munkkällaren** und dem **Gutekällaren** vorbei, zwei Häusern aus dem Mittelalter, in denen heute eine Kneipe und eine Discothek beheimatet sind, kommt man zu den **Ruinen** der St. Larskykra und der Drottenkyrka (Drotten ist der altnordische Name für Gott oder Herrscher). Man vermutet, dass St. Lars im 13. Jahrhundert im Auftrag der in Visby lebenden Kaufleute der russischen Stadt Nowgo-

Mittelalterwoche in Visby

Visby ist immer eine Reise wert. Besonders lohnend ist ein Besuch in der Hauptstadt Gotlands aber **jedes Jahr Anfang August,** wenn die Mittelalterwoche stattfindet. Die ganze Stadt begibt sich in dieser Woche auf eine Zeitreise ungefähr 750 Jahre zurück. Nicht nur die Akteure, die bei den verschiedenen Veranstaltungen auftreten, sondern auch die meisten Bewohner spazieren dann in mittelalterliche Kleidung gehüllt durch die Stadt, die mit ihren zahlreichen historischen Gebäuden den perfekten Hintergrund für das Spektakel bildet. Da im Sommer der Autoverkehr in der Innenstadt ohnehin verboten ist, gibt es nichts, was die Stimmung auf dieser Zeitreise stören könnte. Der Anlass des Festes ist eigentlich ein trauriger, nämlich der Einzug des dänischen Heeres in Visby 1361. Dieses Ereignis wird Jahr für Jahr nachgestellt und bildet den Auftakt einer Woche voller Feste und Feiern.

Auf dem Tunierplatz treten tapfere Ritter gegeneinander an, die Bogenschützen suchen im Wettkampf den Teilnehmer mit der ruhigsten Hand, Gaukler verzaubern das Publikum mit Kunststücken, Troubadoure halten ein Ständchen für ihre Liebste. In alten Kirchenruinen werden Theaterstücke aufgeführt, oder man kann dort Vorträge anhören, die sich mit Themen beschäftigen wie „Die Waffen des Mittelalters", „So baut man eine Rüstung" oder „Schießen mit der Armbrust". Schon Tradition hat das **„Schachländerspiel"** zwischen Dänemark und Schweden – im Hinblick auf die Geschichte der Stadt wirklich eine symbolträchtige Paarung –, bei dem die Großmeister aber nicht am kleinen Brett, sondern auf dem Turnierplatz und mit „lebenden Figuren" spielen.

Auf dem **Mittelaltermarkt** kann man Souvenirs erwerben, die einen später, wenn man in die Moderne zurückgekehrt ist, an die Zeitreise ins Mittelalter erinnern. Plastikspielzeug, Billigvasen aus China und Batiktücher sucht man hier vergebens, dafür kann man aber Holzschwerter, Kerzenständer aus schwerem Eisen oder Hemden aus Hanf kaufen, natürlich alles handgemacht. Man achtet sehr darauf, dass das Mittelalterspektakel nicht allzu sehr verkitscht und kommerzialisiert wird. Rummelatmosphäre soll hier nicht entstehen. Trotzdem kommt der Spaß nicht zu kurz, wenn beispielsweise beim „Mönchsball" zwei in Mönchskutten gekleidete Mannschaften gegeneinander Fußball spielen. Für Kinder ist das Mittelalterfest eine besondere Attraktion, denn wo sonst kann man eine Woche lang als Ritter oder Burgfräulein unterwegs sein?

rod errichtet wurde. Die Drottenkriche stammt aus demselben Jahrhundert. Beide Kirchen wurden im Zuge der Reformation im 16. Jahrhundert geschlossen und verfielen im Laufe der Zeit.

Kapitelhuset

Gleich um die Ecke am Polhem plan liegt neben der modernen katholischen Kirche, die eher aussieht wie ein Bungalow, sowie dem Berghenska Huset, das Kapitelhuset. Die ursprüngliche Nutzung dieses mittelalterlichen Bauwerks aus dem 13. Jahrhundert ist nicht bekannt. Heute jedenfalls kann man in dem schattigen Innenhof einen kleinen Snack einnehmen. In den Tagen der Mittelalterwoche Anfang August findet hier ein **Rittermarkt** statt.

Kirchenruinen

Geht man auf der St. Hansgatan weiter, und biegt in die Tranhusgatan ein, erreicht man bald die nächste Kirchenruine. **St. Clemens** stammt wie nahezu alle Kirchen der Stadt aus dem 13. Jahrhundert und wurde damals Papst *Klemens I.* (88–97) geweiht. Nach der Reformation diente die Kir-

got_148 Foto: rk

che zunächst als Stall, dann als Wirtschaftsgebäude. Schließlich wurde das Gemäuer weitgehend abgerissen und die Steine als Baumaterial verwendet. Die ganz in der Nachbarschaft gelegene **St.-Nikolai-Kirche,** die durch die Smedjegatan zu erreichen ist, heute eine Ruine, einst aber die größte Klosterkirche Schwedens, ist 1230 von den Dominikanermönchen erbaut worden. Das Kloster wurde 1525 beim Angriff der Lübecker Handelskaufleute schwer in Mitleidenschaft gezogen, die Wohngebäude der Mönche wurden daraufhin abgerissen, von der Kirche blieben Reste erhalten. Die St.-Nikolai-Ruine ist Spielort von **Theateraufführungen** und beim alljährlich stattfindenden Mittelalterfestival einer der Hauptspielorte.

Schräg gegenüber liegt eine weitere Kirchenruine. Von **St. Gertrud** sind aber so wenige Überreste erhalten, dass Sie schon besonders darauf achten müssen, um sie nicht zu übersehen. Die spärlichen Reste sind durch kein Hinweisschild erklärt. Lediglich ein Relief der heiligen Gertrud über dem Torbogen am Eingang zeigt dem Besucher, das er richtig ist. Die St.-Gertrud-Kapelle wurde im 15. Jahrhundert von *Ivar Axelsson Tott* für seine Gemahlin errichtet. *Tott* war zu seiner Zeit einer der einflussreichsten Männer Nordeuropas und von 1467–1487 Lehnsherr auf Gotland. Seine Gemahlin *Magdalena Bonde* wiederum war die Tochter des damaligen Königs *Karl Knutsson.*

Die nahe gelegene **Heilig-Geist-Ruine** dagegen ist nicht zu übersehen. Errichtet um das Jahr 1200, ist die Kirche eine Besonderheit, weil sie als einzige im ganzen Land einen oktogonalen Grundriss hat. 1611 fiel das Gotteshaus einem Brand zum Opfer. Die verbliebenen Reste wurden zunächst als Krankenhaus und danach als Stall genutzt.

Dom

Wenn man die **Norra Kyrkogatan** zurück in Richtung Stadtmitte geht, erreicht man den der Got-

Der Dom aus dem 12. Jahrhundert

tesmutter Maria geweihten Dom aus dem späten 12. Jahrhundert. Er ist das einzige noch bestehende mittelalterliche Gotteshaus in Visby und war einst die Gemeindekirche der deutschen Kaufleute. Die praktisch orientierten „Pfeffersäcke" ließen die Kirche bald schon umbauen und im 14. Jahrhundert über dem Mittelschiff einen Zwischenboden einziehen, der als Speicher für Handelswaren diente. Mit Hilfe eines Seilzuges konnten dann die Waren durch Türen am Ostgiebel ein- und ausgeladen werden. Als Gotland ein selbstständiges Bistum wurde, erfolgte die Erhebung der Kirche zum Dom (1572). Das Innere der Kirche ist relativ schlicht gehalten, es fehlen dort die für die Landkirchen auf Gotland so typischen bunten Wandmalereien. Sehenswert ist aber **Gotlands größter Taufstein** aus dem 13. Jahrhundert. Für deutsche Besucher zudem interessant ist die 1684 in Lübeck hergestellte Kanzel.

Anhöhe Klinten

Versäumen Sie nicht, die schmale Treppe neben dem Dom nach oben zu steigen, denn von der kleinen Anhöhe hat man einen **beeindruckenden Blick über die Stadt und auf das Meer.** Außerdem bietet sich die seltene Gelegenheit, einmal die Türme einer Kirche quasi auf Augenhöhe anzusehen. Die Anhöhe trägt den Namen Klinten und war, nachdem der Stora Torg (siehe unten) für dieses blutige Gewerbe nicht mehr passend schien, eine Zeit lang der **Richtplatz** des Ortes. Erst von 1850 an wurde das Henkerswerk außerhalb der Stadt ausgeübt – die Anwohner hatten sich über das laute Stöhnen der öffentlich Gefolterten und die Angstschreie der zur Hinrichtung geführten Opfer beschwert.

In dem Haus am Treppenaufstieg zum Klinten lebte übrigens der berühmte Barockmaler *Johan Bartsch,* den die Besucher des Burmeister-Hauses schon von seinen Wandmalereien her kennen.

Stora Torg

Vom Dom sind es nur wenige Schritte durch die **Södra Kyrkogatan** bis zum Platz Stora Torg. Der ist an drei Seiten von Kneipen und Restaurants gesäumt, an der vierten Seite erhebt sich die große Ruine der **Katarinenkirche.** Das gotische Bauwerk wurde 1250 eingeweiht und war damals Teil eines Franziskanerklosters. Nach der Reformation wurden die Mönche vertrieben und das Kloster aufgelöst. Der Stora Torg war nicht immer so gemütlich wie heute, denn im Mittelalter wurden hier die Hinrichtungen vorgenommen.

Wallers Plats und Adelsgata

Bergan führt der Weg nun zum Wallers Plats, an dem einige **Galerien** liegen. Besonders der Besuch von Wisby Konstslöjd ist lohnend, in dem einige in Gotland lebende Künstler gemeinsam ausstellen. Günstig kauft man hier mit Sicherheit nicht, dafür aber wird meist sehr gute Qualität geboten. Bevor Sie sich in den Einkaufstrubel der Adelsgata stürzen, können Sie sich im **Café Kronet** stärken. Das ist besonders im Sommer empfehlenswert, denn von der schönen Freiterrasse hat man einen guten Blick über den Südteil der Stadt. Am Ende der Adelsgata erreicht man den **Södertorg** und das Stadttor **Söderport.**

Wenn Sie von hier aus wieder zum Ausgangspunkt des Rundgangs zurückkehren wollen, folgen Sie einfach dem letzten Streckenabschnitt des nachfolgend beschriebenen Rundgangs um die Stadtmauer.

Visbys Stadtmauer

Visby kann stolz auf seine komplett erhaltene mittelalterliche Stadtmauer sein; als Besucher sollte man deshalb unbedingt den etwa 3½ Kilometer langen Spaziergang die Stadtmauer entlang machen. Dabei sollte man immer wieder zwischen „Innen“ und „Außen“ wechseln und sich die Mauer von der Stadt- und der Landseite ansehen.

Die Stadtmauer von Visby wurde in ihren ältesten Teilen vermutlich zwischen 1250 und 1288 errichtet und diente der **Verteidigung der Stadt gegen die Landbevölkerung;** sie war also nicht zur

Abwehr von Angriffen äußerer Feinde gedacht. In der ersten Bauphase war die Mauer noch niedriger als heute und weitgehend ohne Türme. Lediglich der **Kajsartorn** wurde in dieser Bauphase errichtet. Der **Kruttorn** stand sogar schon vor der Mauer und ist das älteste bewahrte Gebäude der Stadt. Schon bald aber stellte man fest, dass eine Mauer ohne Türme Angriffen nur schwer würde standhalten können, denn nur von erhöhten Türmen aus lassen sich Angreifer auch wirkungsvoll von der Seite beschießen. Schließlich wurden auch die Mauern nochmals aufgestockt. Die stolze Mauer konnte die Stadt aber nicht vor dem Dänenkönig *Waldemar Atterdag* schützen, der 1361 in Visby einzog. Die Legende besagt, dass *Atterdags* Soldaten ein großes Stück der Stadtmauer eingerissen haben sollen, um so besser in die Stadt zu gelangen. Belege dafür gibt es zwar keine, doch in der Tat unterscheidet sich ein Mauerteil im Südosten der Stadt in seiner Bauweise grundlegend vom Rest. Dieser Abschnitt wird heute **Valdemars Mauer** genannt, weil man annimmt, dass er nach dem Einmarsch der dänischen Truppen wieder aufgebaut wurde.

Spaziergang rund um die Mauer

Den Spaziergang um die Stadtmauer beginnt man ebenso wie den zuvor beschriebenen Stadtrundgang am besten am Touristenbüro in der Hamngatan. Man folge dem Weg bis zum Burmeister-Haus (siehe am Anfang des Stadtrundgangs), anstelle aber die Strandgata entlangzugehen, verlässt man die Stadt durch das Donnerstor. Vor der Stadt breitet sich heute ein großer, beliebter **Park** aus, **Almedalen.** Am Wochenende treffen sich hier Familien zum Picknick. Wenn Sie Menschen beobachten, die ein sonderbares Wurfspiel spielen, bei dem man mit „Holzklötzchen" wirft, dann handelt es sich hierbei um das typisch schwedi-

got_153 Foto: rk

sche Spiel Kupp. Im Mittelalter reichte die Ostsee bis direkt an die Stadtmauer, und Almedalen war der Hafen der Stadt.

Schlendern Sie quer durch den Park, oder folgen Sie einfach der Stadtmauer – egal wie, bald werden Sie mit dem **Kruttorn** das älteste Gebäude der Stadt erreichen. Bleiben Sie zunächst auf der Außenseite der Stadtmauer, an der ein lauschiger Spazierweg direkt an der Ostsee entlangführt. Nach gut 100 Metern passieren Sie die **Kärleksporten,** das Tor der Liebenden, das erst 1872 in die Mauer gebrochen wurde, um den direkten Zugang zu dem damals neu angelegten Botanischen Garten zu ermöglichen.

Der nächste Turm, an dem man vorbeikommt, heißt **Sprundflaska** und wurde zu Beginn des 15. Jahrhunderts errichtet. Weiter geht es zum **Jungfrutornet,** dem Jungfrauenturm. Über dessen Entstehung gibt es eine ganze Reihe von Spekulationen. Eine Geschichte besagt, dass sich der Name von der Jungfrau ableitet, die den Dänenkönig *Waldemar Atterdag* und seine Soldaten heimlich in die Stadt gelassen haben soll. Angeblich hatte ihr der Dänenkönig versprochen, sie zur Königin zu machen, wenn sie ihm das Stadttor öffnen würde. Wie man sich denken kann, wurde nichts aus dem Traum vom Königsthron, denn kaum war *Atterdag* in der Stadt, hatte er die Dame auch schon vergessen. Nicht so die Stadtbürger, die die Verräterin aufgriffen und in den Turm einmauerten. Eine schön-schaurige Geschichte – aber nachweislich nicht wahr. Denn *Waldemar Atterdags* Einzug in die Stadt fand ja mit Zustimmung der Bürger von Visby statt, und außerdem wurde in dem Turm kein Menschenskelett gefunden. Wahrscheinlicher ist die eher profane Theorie, dass der Jungfrauenturm gar nichts mit einer Jungfrau zu tun hat, sondern sich auf eine kleine schwedische Maßeinheit bezieht. Da der Jungfrutorn der kleinste Turm der Stadtmauer ist, scheint diese Erklärung durchaus logisch.

An der Ecke, an der die meerseitige Mauer in die Landmauer übergeht, steht der **Silverhättantorn** (dt. Silberhutturm). Seinen Namen verdankt er dem inzwischen nicht mehr vorhandenen silber glänzenden Dach. Auffällig sind die großen Öffnungen im Turm, die erst im 18. Jahrhundert nachträglich eingefügt wurden, um die ursprünglich für Armbrüste gebauten Schießscharten auch für Kanonen tauglich zu machen.

Als nächstes passiert man einige kleinere Türme, bevor man zur **Langen Lisa,** dem höchsten Turm der Stadtmauer, kommt. Um 1280 wurde das nördliche Stadttor erbaut, das durch ein Fallgitter gesichert war. Gleich daneben liegt die alte **Münze.** Die folgenden Teile der Mauer sehen noch beinahe so aus wie in der Mitte des 13. Jahrhunderts, zusätzliche Aufstockungen und Turmanbauten wurden hier nicht vorgenommen.

Der nächste größere Turm ist der **Dalmansturm,** durch dessen Tor man in die Stadt gelangen kann. Das Osttor, **Österport,** war im Mittelalter das Haupttor, durch das die Landbevölkerung Zutritt zur Stadt hatte. Heute geht die Haupteinkaufsstraße durch das Tor, und der Busbahnhof liegt ebenfalls hier. Der **Kvarnturm** (dt. Mühlenturm) ist daran zu erkennen, dass er als einziger der Stadtmauer nach außen hin „halbrund" ist; der Mauerdurchbruch neben dem Turm wurde 1892 durchgeführt, als vor den Toren der Stadt eine Schule erbaut wurde. Durch das Loch in der Mauer sollte für die Schüler der Weg zur „Penne" verkürzt werden. Hinter dem Durchbruch liegt heute das Hansakino.

Der nächste größere Turm ist der **Kajsarn.** Er wurde als einziger der Landmauer zusammen mit der Mauer errichtet und nicht erst nachträglich angebaut. Der ursprünglich fünf Stockwerke hohe Turm wurde von 1681–1859 als Gefängnis genutzt. Heute befindet sich hier ein kleines **Gefängnismuseum.** Im Untergeschoss kann man alte Zellen besichtigen. Im Obergeschoss erfährt man mehr über die Gefängnisgeschichte und vor allem interessante Details über das Gefängniswesen im Mittelalter, so zum Beispiel, dass „Schwänzen" des Sonntagsgottesdienstes mit öffentlichem Auspeitschen bestraft wurde. Dass Sodomie die Todesstrafe nach sich zog, verwundert eigentlich zunächst wenig, dass aber auch das geschändete Tier öffentlich hingerichtet wurde, löst dann schon ein ungewolltes Schmunzeln aus. Leider sind die Erklärungen nur auf Englisch und Schwedisch angebracht, wer keine der beiden Sprachen spricht, hat nur den halben „Spaß".

Infos

- **Öffnungszeiten:** vom 15.6. bis 13.8. tgl. von 11.00–17.00 Uhr.
- **Eintritt:** 40 SEK; das Kombiticket zu 140 SEK, das für alle Landesmuseen gilt, wird auch hier anerkannt.

Nach dem Kajsarn beginnt der Teil der Mauer, den man **Valdemars Mauer** nennt, weil man annimmt, dass er erst nach dem Einzug der Dänen in Visby errichtet wurde. Schließlich erreicht man das südliche Stadttor, **Söderport.** Der Stadtmauer entlang geht es weiter zur **Bastion Skansen,** die 1712 erbaut wurde, um Visby auf einen möglichen russischen Angriff vorzubereiten. An den sehr spärlichen Resten der **Festung Visborg** vorbei, die 1411 auf Befehl *Erich von Pommerns* erbaut wurde, geht man die Straße hinab zum Hafen und erreicht am Wasser entlang bald das Büro des Fremdenverkehrsamtes.

Praktische Infos

Touristinfo

- **Visby Turistbyrå**
Skeppsbron 4–6, Box 1403, 62125 Visby, Tel. (0498) 201700, Fax (0498) 201717, E-Mail: info@gotland.info, Internet: www.gotland.info

Übernachtung

- **Almedalens Hotell**
Strandvägen 8, 62155 Visby, Tel. (0498) 271866, Fax (0498) 218502, E-Mail: almedalen@telia.com, Internet: www.almedalen.com. DZ 750–1500 SEK. Selbstversorgerwohnungen. Lage direkt am Meer am Rande des Alemedalen-Parks.
- **Hotell St. Clemens**
Smedjegatan 3, 62155 Visby, Tel. (0498) 219000, Fax (0498) 279443, E-Mail: info@clemeshotell.se, Internet: www.clemenshotell.se. DZ um 800 SEK/Pers. Familiäres Hotel in zentraler Lage.

got_156 Foto: rk

- **Visby Jernvägshotell**

Adelsgatan 9, 62156 Visby, Tel. (0498) 203300, Fax (0498) 203390, E-Mail: info@gtsab.se, Internet: www.gtsab.se. DZ 190–200 SEK/Pers. Jugendherbergsähnliche Unterkunft im lebhaften Zentrum in der Einkaufsstraße.

- **Clarion Hotel Wisby**

Strandgatan 6, Box 1319, 62124 Visby, Tel. (0498) 257500, Fax (0498) 257550, E-Mail: cl.wisby@choice.se, Internet: www.wisbyhotell.se. DZ ab 550 SEK/Pers., modernes Hotel in einem Gebäude aus dem Mittelalter.

- **Hotell Guldet**

Adelsgatan 1, 62148 Visby, Tel. (0498) 248303, Fax (0498) 217535, E-Mail: info@hotellguldet.com, Internet: www.hotellguldet.com. Kleines Apartmenthotel in der Einkaufsstraße. Einfaches Apartment für 2 Personen in der HS 6200 SEK/Woche.

- **Hotell Gute**

Mellangatan 29, 62156 Visby, Tel. (0498) 202260, Fax (0498) 202262, E-Mail: info@hotellgute.se, Internet: www.hotellgute.se. DZ 750 SEK/Pers. in der Hochsaison, 500–600 SEK/Pers. in der Nebensaison, zentrale Lage, auch Vermietung von Ferienwohnungen.

- **Strand Hotell**

Strandgatan 34, 62156 Visby, Tel. (0498) 258800, Fax (0498) 258811, E-Mail: info@strandhotel.net, Internet: www.strandhotel.net. DZ 890 SEK/Pers. in der Hochsaison, 500–850 SEK/Pers. in der Nebensaison.

- **Jugendherberge Visby Fängelse**

Skeppsbron 1, 62157 Visby, Tel. (0498) 206050. Jugendherberge in einem alten Gefängnis, in dem die Zellen fast noch im Original erhalten sind, sogar die Gitter sind noch vor dem Fenster; in der Nähe der Fähranlegestelle. Bett zwischen 200 und 300 SEK.

Restaurants und Kneipen

In Visby gibt es unendlich viele Restaurants, Kneipen und Cafés. Im Sommer pulsiert das Leben, und man kann nahezu an jeder Straßenecke gemütlich essen gehen. In der Nebensaison sieht es dann etwas anders aus, denn viele Gaststätten haben nur in den Sommermonaten geöffnet. Besonders viele Restaurants liegen in der Strandgatan, in der Gegend um den Stora Torget und am Hafen. Preisangaben: € = günstig, €€ = mittel, €€€ = teuer.

Einkaufstrubel in der Adelsgata

● **Anna Dubbes**€€
Skeppsbron 20, Tel. (0498) 210494. Eines der vielen Restaurants gegenüber dem Hafen.

● **Clematis**€€€
Strandgatan 20, Tel. (0498) 299660. Kellerrestaurant in historischem Gemäuer, in dem man in Mittelaltermanier speisen kann. Nur im Sommer geöffnet.

● **Donners brun**€€€
Donners plats 3, Tel. (0498) 271090. Kellerrestaurant.

● **50 Kvadrat**€€€
St. Hansgatan 15, Tel. (0498) 278380, Mi bis Sa ab 18.00 Uhr. Anfang 2005 eröffnet, wurde dieses Restaurant zum besten des Landes gewählt. Kein Wunder, denn mit *Fredrik Malmstedt* kocht hier ein Mitglied der schwedischen Kochnationalmannschaft. Auf der Speisekarte steht vor allem Einheimisches, für ausländische Inspirationen ist der Chef aber durchaus offen. Nicht ganz billig - ein Hauptgericht kostet zwischen 240 und 380 SEK -, aber ein besonderes Erlebnis. Montag und Dienstag bleibt das Restaurant für Speisegäste geschl., dann finden Kochkurse und Weinverkostungen statt.

● **Gutekällaren**€€
Lilla Torggränd 3 (Zugang vom Stora plan), Tel. (0498) 210043. Restaurant und Bar in historischem Gemäuer. Nur im Sommer geöffnet.

● **Hamnplan 5**€€
Der Name ist auch die Adresse; eines der „In-Lokale“ in der Stadt, ganzjährig geöffnetes Restaurant und Nachtclub.

● **La Fontana**€€
Hästgatan, Pizzeria mit Blick auf die Einkaufsstraße, Pizza ab 75 SEK.

● **Munkkällaren**€€
Lilla Torggränd 2 (Zugang auch vom Stora Torget), Tel. (0498) 271400. Restaurant, Nachtclub, Bar und Live-Veranstaltungen in einem historischen Gebäude. Im Sommer kann man draußen sitzen.

● **O'Learys**€€
Strandgatan 13, täglich geöffnet von 11.00–2.00 Uhr. Café, Restaurant, Bar. Im Sommer kann man draußen sitzen. Sportsbar.

● **Packhuskällaren**€€
Packhusplan, Tel. (0498) 216104. Restaurant in einem alten Speicherhaus aus dem Mittelalter, das gute Hausmannskost serviert. Im Sommer kann man zur Strandgatan hin draußen sitzen.

● **Rosas**€
Sankt Hansgatan 22, Tel. (0498) 213514. Gemütliches Café mit schönem Innenhof. Di bis So, 11.30–16.00 Uhr.

● **Rosengården**€€
Tel. (0498) 218190. Restaurant mit schönem Hof am Stora

Torget neben der St.-Karins-Ruine. Hauptgerichte 110–200 SEK, Internet: www.gotlandweb.com/rosengarden.

● **St. Hans Konditori**€
Gemütliches Café am St. Hansplan. Im Sommer kann man seine Speisen in den Ruinen der St.-Hans-Kirche einnehmen – eine ganz besondere Atmosphäre.

● **Strandgrillen**€
Strandgatan. „Kiosk" mit Sitzgelegenheiten im schönen Innenhof.

● **Torgkrogen**€€
Stora Torget, Tel. (0498) 219877. Eines der vielen Restaurants am Marktplatz.

● **Restaurant Trädgården**€€
Hästgatan 17, Tel. (0498) 210809. Dachterrasse mit herrlicher Aussicht auf die St.-Katarina-Ruine.

● **Restaurang Trossen**€€
Skeppsbron 14, Tel. (0498) 214958. Eines der vielen Restaurants am Hafen, nicht besser und nicht schlechter als die Konkurrenz.

● **Värdshus Lindgården**€€
Strandgatan 26, Tel. (0498) 218700. Hauptgerichte ab 185 SEK. Im Sommer kann man draußen im Innenhof sitzen.

● **Wallers Krog**€€
Kleines gemütliches Restaurant am Wallersplan, Tel. (0498) 249988.

● **Clarion Hotel Wisby**€€€
Strandgatan 6, Tel. (0498) 257500, Internet: www.wisbyhotell.se. Eines der besten Brunchbuffets in der Stadt.

Hinweis: **Internetcafés gibt es in Visby keine,** Mails kann man aber im Eingangsraum der Universitätsbibliothek in der Cramergatan und der Touristeninfo abrufen.

Autoverleih

Ganz billig ist das Mieten eines Autos auf Gotland nicht, in der Regel sind die kleinen Anbieter etwas günstiger als die großen.

● **Avis**
Donners plats 2, 62157 Visby, Tel. (0498) 219810, Fax (0498) 218420, E-Mail: godman@gotlandica.se, Internet: www.godmansbiluthyrning.nu. Kleinwagen 1 Tag inkl. 100 Freikilometer 585 SEK, eine Woche 3240 SEK.

● **Europcar**
Am Flugplatz und am Hafen, Tel. (0498) 215010, Internet: www.europcar.se.

● **Hertz**
Am Flugplatz und am Hafen, Tel. (0498) 248550, Internet: www.hertz.se.

● **Mickes Biluthyrning**
Direkt am Hafen, Tel. (0498) 266262, Fax (0498) 266211, Internet: www.mickesbiluthyrning.se.

Taxi

Taxis sind auf Gotland relativ teuer. Mit 150–200 SEK für die kurze Fahrt vom Flughafen ins Stadtzentrum muss man rechnen. Taxiruf: Tel. (0498) 200200 oder (0498) 444444.

Wichtige Adressen

- **Krankenhaus,** Visby lasarett, St. Göransgatan 3.
- **Zahnärztlicher Notdienst**
Visby-Gråbo, Gråbo torg 15, Tel. (0498) 268960, Visby-Korpen, Brömsebrov. 8, Tel. (0498) 268813.
- **Polizei,** Norra Hansegatan 2a, Tel. (0498) 29 35 00.
- **Zentraler Busbahnhof,** am Österport.
- **Flughafen**
Tel. (0498) 251110, 222222, Internet: www.visby.lfv.se. Vom Flughafen in Visby werden Linienflüge nach Stockholm Bromma, Stockholm Arlanda, Nyköping Skavsta und nach Norrköping durchgeführt. Im Sommer auch Linienflugverkehr nach Hamburg.

Ausflüge

Kneippbyn

Kneippbyn, etwa **3 Kilometer vor den Toren Visbys** gelegen, ist eine der am meisten besuchten Sehenswürdigkeiten der Insel, zumindest bei Familien mit Kindern. Der **Freizeitpark** im „Klein-Disneyland-Format" bietet neben den üblichen

got_160 Foto: rk

Fahrgeschäften eine riesige Wasserrutsche, viele Shows und vor allem die **Villa Villekulla,** wie man in Schweden zu *Pippi Langstrumpfs* Villa Kunterbunt sagt. Teile der Pippi-Langstrumpf-Filme wurden auf Gotland gedreht, und als man sich auf die Suche nach Schauplätzen machte, entdeckte man ein zerfallenes Häuschen, das man dann für den Film herrichtete. Nach Ende der Dreharbeiten drohte die Villa Kunterbunt, die auf einem Militärgelände stand, zu zerfallen. Schließlich wurde das Haus in den Kneippyn-Vergnügungspark „verpflanzt“, wo es heute die größte Sehenswürdigkeit darstellt.

Infos

- **Öffnungszeiten:** von Mitte Mai bis Ende August von 10.00–18.00 (17.00) Uhr. Im Sommer Pendelbusverkehr vom Hafen.
- **Eintritt** je nach Saison 120 oder 175 SEK.

Oldtimer-Museum

Das Automuseum, in dem viele Oldtimer ausgestellt sind, liegt ganz **in der Nähe des Kneippbyn.** Geöffnet ist es vom 24.6. bis 19.8. von 11.00–20.00 Uhr (in der letzten Öffnungswoche nur bis 18.00 Uhr), Eintritt: 50 SEK.

Fridhem

Fridhem, das **Sommerhaus der Prinzessin Eugénie,** wurde 1861 errichtet und ist heute ein beliebtes Ausflugsziel vor den Toren Visbys. Man kann hier einen gemütlichen Nachmittagskaffee einnehmen und die herrliche Aussicht auf den Högklint genießen. Auch **übernachten** kann man, eine einfach eingerichtete 2-Bett-Hütte kostet beispielsweise ab 3200 SEK pro Woche; Tel. (0498) 296018, Infos im Internet unter www.fridhemspensionat.se.

Högklint

Der **45 Meter hohe Felsen** bietet eine herrliche Aussicht auf Visby und hinüber nach Fridhem.

got_162 Foto: rk

Die Südwestküste

Västerhejde

Wer sich für die **gotländischen Landkirchen** interessiert, kann nicht weit vor den Toren Visbys einige schöne Gotteshäuser besuchen.

In Västerhejde steht eine sehr gut erhaltene **romanische Kirche** aus der Mitte des 12. Jahrhunderts. Sie gehört zu den wenigen auf der Insel, die häufig verschlossen sind, so dass man sich erst beim Pfarramt den Schlüssel holen muss. Man braucht sich aber nicht grämen, wenn man nicht hineinkommt, denn die Inneneinrichtung aus dem 17. Jahrhundert ist unspektakulär. Sehenswert ist das große Ölgemälde, aber auch das nicht wegen seines künstlerischen Wertes, sondern weil es der Gemeinde von Prinzessin *Eugénie,* die Gotland sehr häufig besuchte, geschenkt wurde.

Herrenhaus mit Restaurant und Hotel

Ebenfalls zur Gemeinde Västerhejde gehört **Suderbys Herrgård,** ein altes, malerisch in einem Park gelegenes Herrenhaus, in dem heute ein **Restaurant** und ein **Hotel** untergebracht sind. Es liegt nur wenige Meter abseits der Hauptstraße 140 und ist 7 Kilometer von Visby entfernt. Weitere Informationen: Tel. (0498) 296030.

Stenkumla

Die Kirche im benachbarten Stenkumla stammt aus dem 13. Jahrhundert. Bekannt ist sie unter anderem wegen des 800 Jahre alten **Triumphkruzifixes,** das den Gekreuzigten mit „Schuhen" zeigt, eine Art der Darstellung, die sonst kaum bekannt ist. Der **Altaraufsatz** aus Sandstein wurde erst während der Barockzeit in die Kirche eingebracht und stammt von dem gotländischen Künstler *Lars Hamel.* Bemalt wurde er von *Johan Bartsch,* der unter anderem auch die beeindruckenden Wandmalereien im Burmeister-Haus in Visby angefertigt hat. Die **farbenprächtigen Kalkmalereien** im Innenraum stammen aus dem 13. und 15. Jahrhundert. Die **Gemälde im Chor** sind so alt wie das Kirchengebäude und zeigen unter anderem an der Ostwand den Heiligen Laurentius, den Schutzheiligen der Kirche. Ihn erkennt man an dem Rost, den er in der einen, und dem Buch, das er in der anderen Hand hält. Der Rost erinnert daran, dass er auf einem glühenden Rost zu Tode gefoltert wurde, das Buch an die Tatsache, dass er der Schutzheilige der Bibliothekare ist. Weiter dargestellt sind der Heilige Petrus mit dem Schlüssel, der Heilige Bartholomäus mit dem Messer und Paulus mit dem Schwert. Über dem Fenster ist eine Christus-Darstellung zu sehen. Die Gemälde an der Nordmauer zeigen Christus als Weltenherrscher und stammen aus dem 15. Jahrhundert. Aus dieser Zeit sind auch die Malereien im Langhaus. Auf ihnen sind die Heilige Birgitta als Pilgerin, die Heilige Elisabeth von Thüringen und die Heiligen Barbara, Katharina und Margareta abgebildet. Auf der anderen Seite sieht man - wie in so vielen Inselkirchen - die Leidensgeschichte Christi.

Eskelhem

Die **Kirche** von Eskelhem, im frühen 13. Jahrhundert auf dem Fundament einer älteren Stabkirche errichtet, zeigt, dass hier das Christentum besonders früh Fuß gefasst hat. Die meisten **Wandmalereien** stammen aus der Zeit des Kirchenbaus. Besonders bemerkenswert ist das Bild vom Namenspatron der Kirche, dem Heiligen Michael mit dem Drachen. Interessant auch das Gemälde auf der Nordmauer im Turmraum. Es stellt die Welt dar, auf der zuoberst Christus thront. Das Taufbecken von 1196 stammt aus der Werkstatt des Meisters *Byzantinos* und zeigt unter anderem den gekreuzigten Jesus mit Maria und Josef. Das Triumphkruzifix wurde Mitte des 13. Jahrhunderts vom so genannten Tingstädemeister hergestellt.

Tofta

Beliebter Badeort

Tofta ist einer der beliebtesten Badeorte Gotlands mit einem großen **Sandstrand** und **Dünen.** Während man hier in der Vor- und Nebensaison kilometerlange Strände für sich allein hat, kann es in der Hauptsaison von Anfang Juli bis Anfang August schon mal recht voll werden. Sowohl Badegäste als auch **Windsurfer** kommen gerne hierher.

Gnisvärd

Von Visby kommend passiert man zunächst die Kirche, deren älteste Teile aus dem 12. Jahrhundert stammen. Wenig später biegt rechter Hand ein Fahrweg nach Gnisvärd ab. Sehenswert sind die **alten Fischerhütten** direkt am Meer und einige hundert Meter entfernt im Wald eine **Schiffssetzung** (Grab), mit 45 Metern Länge und 7 Metern Breite die größte der Insel. Eine weitere Schiffssetzung, allerdings wesentlich schlechter erhalten, liegt nur wenige Meter entfernt. Von einer dritten Schiffssetzung, die sich etwas weiter abseits der Straße befindet, sind nur noch spärliche Reste übrig.

Wikingerdorf

Direkt neben dem Hotel Toftagården liegt das so genannte Wikingerdorf. In dieser relativ jungen Attraktion wird im Sommer das Leben in der damaligen Zeit nachgestellt, und die Besucher werden eingeladen, selbst mitzumachen. Für Erwachsene wirkt manches doch zu sehr verspielt, für Familien mit Kindern lohnt ein Besuch aber durchaus. Weitere Infos: www.vikingabyn.se.

Übernachtung

● **Tofta Strandpensionat**
Tel. (0498) 297060, Fax (0498) 265009. Dieses einfache Hotel liegt in genialer Lage direkt am Strand. DZ in der Hochsaison 1000 SEK, in der Nebensaison 800 SEK. Einfache Zimmer mit WC/Du auf dem Gang schon ab 580 SEK. Es werden auch Pensionszimmer und Hütten angeboten. Da in Gotland absolutes Bauverbot in Strandnähe herrscht, ist dieses Haus, das vor Erlass dieser Vorschriften erbaut wurde, sehr beliebt. E-Mail: info@toftastrand.se, Internet: www.toftastrand.se.

got_167 Foto: rk

•Toftagården

Tel. (0498) 297000. DZ in der Hochsaison ab 1290 SEK. Hotelanlage, die ein breites Unterkunftsspektrum bietet, das von luxuriösen Doppelzimmern über Ferienhäuser bis zu einfachen Hütten reicht. Auch Camping ist möglich. Die Benutzung des Swimmingpools und einer (sehr einfachen) Sauna ist im Preis inbegriffen. Das Hotelrestaurant hat auf der Insel einen guten Ruf, gehört preislich aber zur gehobenen Kategorie. Fahrradvermietung. Internet: www.toftagarden.se.

Einkaufen

•Bi och Present

Tel. (0498) 245115. Am nördlichen Ortsausgang gelegen, bietet der Laden eigenen Honig und alles, was man daraus herstellen kann. Außerdem ein kleines Café.

Schiffssetzung (Grab) bei Gnisvärd

Südlich von Tofta

Paviken

Fährt man **von Tofta weiter Richtung Süden,** passiert man nach wenigen Kilometern linker Hand ein Gewässer, das man zunächst für einen See halten mag. Doch Paviken war **in früheren Zeiten** ein großer und geschützter **Ostseehafen,** dessen Einfahrt über 100 Meter breit war. Bei Ausgrabungen hat man unzählige Fundstücke ans Tageslicht gefördert und unter anderem nachweisen können, dass hier früher eine große Werft war. Um das Jahr 1000 wurde der Hafen aus unbekannten Gründen aufgegeben. Bei Paviken gibt es auch einen Vogelbeobachtungsturm.

Västergarn

Die kleine **Kirche** von Västergarn stammt aus dem 13. Jahrhundert und besteht eigentlich nur aus dem Chor. Der ursprünglich geplante Weiterbau wurde wegen des Bürgerkriegs von 1288 nie verwirklicht. Heute wird Västergarn vor allem wegen seiner beiden **Golfplätze** besucht. Nur wenige Kilometer südlich des Ortes liegt die **Galerie Konst & Hantverk.** Hier finden im Sommer Ausstellungen lokaler Künstler und Kunsthandwerker statt. Wer nach einem gotländischen Souvenir sucht, wird vielleicht in dem angeschlossenen Lädchen fündig.

Kovik

Das **Fischereimuseum** von Kovik liegt beinahe nebenan und ist allein schon wegen seiner schönen Lage einen Besuch wert.

Windmühle in der Gegend von Sandhamn

Klintehamn und Umgebung

1600 Einwohner

Klintehamn liegt etwa 35 Kilometer südlich der Inselhauptstadt Visby. Mit seinen 1600 Einwohnern gehört es zu den größeren Ortschaften, und dementsprechend findet man hier eine **gute Infrastruktur.** Egal ob Sie Geld abheben wollen, ein Auto mieten oder einfach nur einkaufen – hier können Sie es tun.

Warfsholm

Kurz bevor man den Ort erreicht, biegt rechter Hand eine Straße nach Warfsholm ab. Landschaftlich schön auf einer Landspitze liegen hier eine **Jugendherberge** und eine **Pension.** Auch für Besucher, die nicht übernachten wollen, lohnt sich der Abstecher, denn in dem **Café** kann man eine kleine Ruhepause mit Meeresblick einlegen. Bei Einheimischen ist Warfsholm als Ort für Hochzeitsfeiern sehr beliebt. Kein Wunder, denn die Landschaft ist wirklich romantisch – zumindest nach drei Himmelsrichtungen: In die vierte blickt man auf ein Sägewerk und die großen Container am

got_169 Foto: rk

Hafen von Klintehamn. Über den **Hafen** hatte sich *Carl von Linné* schon 1741 beeindruckt geäußert; er schrieb: „In Klintehamn liegen mehr Schiffe als in jedem anderen gotländischen Hafen vor Anker und sie werden dort mit Kalk, Balken und Brettern beladen." Gut beobachtet von Herrn *von Linné,* nur die Schiffe mit Teer scheinen ihm entgangen zu sein, denn das war schon damals ein wichtiger Exportartikel. In der Hafeneinfahrt erkennt man am Horizont den Bug des 1983 auf Grund gelaufenen Getreidefrachters „Benguela". Da damals alle Versuche scheiterten, das Schiff freizuschleppen, ließ man das Wrack einfach liegen. Einige Jahre später setzte ihm dann ein heftiger Sturm so zu, dass es auseinanderbrach; das Heck versank im Meer, der Bug ragt noch heute als Seezeichen in die Höhe.

Stadtzentrum

Im Zentrum von Klintehamn gibt es nicht viel zu sehen, allenfalls lohnt das ehemalige Wohnhaus des gotländischen Großreeders *Donner* aus dem 19. Jahrhundert einen kurzen Blick.

Stora Karlsö

Vom Hafen aus verkehren von Anfang Mai bis Mitte September Ausflugsboote zur **Vogelinsel** Stora Karlsö, dem, nach dem Yellowstone Nationalpark in den USA, zweitältesten Naturschutzgebiet der Welt. (Abfahrt tgl. 9.30 und 14 Uhr, von Ende Mai/Anfang Juni bis Anfang August 9.30, 11.30 und 16.10 Uhr, Fahrpreis für Erwachsene 225 SEK, Kinder bis 15 Jahren zahlen 110 SEK, Anfahrt nach Klintehamn von Visby mit dem Bus Nr. 31; Achtung: die letzte Abfahrt des Tages jeweils nur für Gäste, die auf der Insel übernachten wollen). Die Stora Karlsö liegt 6,5 Kilometer vor der Küste, ist 2,5 Quadratkilometer groß und ein Hochplateau mit der höchsten Stelle von knapp 52 Metern. Auf der Großen Karls-Insel kann man nicht nur Vögel beobachten – hier liegt eines der größten Brutgebiete der Trottellumme – sondern auch Höhlenwanderungen unternehmen, vom

Leuchtturm die Aussicht genießen oder einen stillgelegten Kalksteinbruch besichtigen. Ein kleines Museum verrät Details über die lange Geschichte der kleinen Insel. Im Inselrestaurant wird Hausmannskost serviert, die Aussicht über das Meer ist einmalig. Was man nicht darf, zumindest von Mitte März bis Mitte August, ist baden, denn dann sind die Strände gesperrt, damit die Vögel unter sich bleiben können.

Gannarve 4 Kilometer südlich von Klintehamn lohnt die Besichtigung der **Schiffssetzung** (bootförmig gesetzte Steine) von Gannarve. Sie ist 29 Meter lang, 5 Meter breit und stammt vermutlich aus dem 3. Jahrhundert vor unserer Zeitrechnung. Als sie 1959 wieder entdeckt wurde, waren nur die beiden Stevsteine erhalten, das ganze „Schiff" rekonstruierte man mit Hilfe von Steinen, die man in der Umgebung fand. Die Schiffssetzung liegt landschaftlich schön direkt an der Straße Nr. 140; am Horizont zeichnen sich deutlich die Umrisse der Insel Lilla Karlsö (siehe unten) ab.

Fröjel In der Gemeinde Fröjel – der Name weist übrigens auf die altnordische Göttin *Fröja* (dt. Freyja) hin – ist die kleine **Dorfkirche,** deren Langhaus aus dem 12. Jahrhundert stammt, einen Besuch wert. Besonders sehenswert ist im Innern das Triumphkruzifix, das um das Jahr 1300 geschaffen wurde. Wie in den meisten Inselkirchen sind auch hier gut erhaltene Kalkmalereien zu bestaunen. Beschränken Sie sich aber nicht auf eine Besichtigung der Kirche, sondern gehen Sie ein paar Schritte weiter zu der **Ruine eines alten Wachturms.** Von hier hat man einen herrlichen Blick über die Ostsee, und die vielen Sitzbänke laden zu einer Pause ein.

Sandhamn Unmittelbar nach der Kirche von Fröjel zweigt eine kleine Straße nach Sandhamn (dort kleiner **Badestrand, Camping** und **Kiosk**) ab. Sie verläuft landschaftlich sehr schön am Meer entlang und führt über **Djupvik,** wo man eine Schiffssetzung besichtigen kann, in einem großen Bogen in der Nähe von Eksta wieder zur Hauptstraße zurück. Diese wenig befahrene Straße ist auch hervorragend als Fahrradstrecke geeignet. An der Küste bei **Eksta** ging 1361 angeblich der Dänenkönig *Waldemar Atterdag* mit seinem Heer an Land, um von hier aus nach Visby vorzurücken. Auch den Rückweg trat der Dänenkönig angeblich über Eksta an. Das mit den aus Visby geraubten Schätzen beladene Schiff soll bei den Karls-Inseln in einen Sturm geraten und gesunken sein. Diese Legende widerspricht zwar der historischen Wahrheit, doch trotzdem suchen immer wieder abenteuerlustige Taucher den Meeresgrund nach dem Wrack des Dänenkönigs ab.

Wegen der vielen Orchideen die dort im Juni blühen ist die **Küste bei Eksta** bekannt.

Die **Kirche von Eksta** stammt aus dem 13. Jahrhundert, wurde 1838 aber umgebaut. Lediglich die Glasmalereien lohnen einen kurzen Abstecher. Das nur wenig entfernt gelegene **Gotteshaus von Levide** ist noch einige Jahre älter. Achten Sie hier besonders auf die Kalkmalereien mit Heiligendarstellungen und das Prozessionskruzifix aus dem 14. Jahrhundert.

Lilla Karlsö

Die kleine Karls-Insel, Lilla Karlsö, liegt 3 Kilometer vor der Küste, ist 1,6 Quadratkilometer groß und ein fast kreisrundes Hochplateau, das sich bis zu 55 Meter aus dem Meer erhebt. Wie ihre etwas größere Schwester ist auch sie besonders bei Seevögeln beliebt.

Vallhagar

Zu einem schönen **Ausflug ins Landesinnere** biegt man kurz vor der Kirche von Fröjel nach Vallhagar ab. Dort kann man die **Überreste einer Siedlung** aus der Zeit zwischen 200 v. Chr. und 500 n. Chr. besuchen. Es sind 24 Hausfundamente erhalten, die einmal fünf oder sechs Höfe bildeten.

Alle hatten solide Steinfundamente, einen Eingang in der einen Giebelseite und eine Herdstelle in der Mitte. Löcher im Erdboden lassen vermuten, dass das Dach von Holzpfeilern getragen wurde. Die Archäologen fanden hier große Mengen an Tierknochen, Beleg dafür, dass die Menschen hauptsächlich von Viehzucht und der Jagd lebten. Gejagt wurden vor allem Seehunde, Krähen, Dohlen, Stare, Gänse, Stockenten und Rebhühner. Aber die Dorfbewohner hatten auch kleine Äcker und bauten Gerste, Weizen und Roggen an. Die Reste dieser Gehöfte bieten zwar für Archäologen eine reiche Fundstätte, für den Normaltouristen sind sie aber wenig beeindruckend. Der wunderschön gelegene Platz, den die Menschen damals für ihr „Dorf" wählten, eignet sich aber ideal für ein Picknick. Besonders im Frühjahr, wenn auf der großen Wiese die Blumen blühen, lohnt ein Ausflug hierher allemal.

Russparken Einige Kilometer weiter, schon jenseits der Straße 141, erreicht man den „Russparken". Hier weiden in einem Waldgebiet etwa **80 Tiere der einzigen schwedischen Pferderasse,** des „gotländischen Russ". Die klein gewachsenen Tiere waren vom Aussterben bedroht, bevor man sich hier um ihre Erhaltung bemühte. Wer Ende Juli auf der Insel ist, sollte sich keinesfalls die „Russprämierung" entgehen lassen, bei der die schönsten Tiere prämiert werden. Übrigens: Bei den im Sommer jede Woche stattfindenden Trabrennen in Visby laufen die „Russen" traditionell immer im ersten Rennen. Da die kleinen Pferde mit erwachsenen Jockeys überfordert wären, sitzen Jugendliche am Zügel.

Lojsta Direkt am Rande der Straße Nummer 142 liegt die **Kirche** von Lojsta. Wie fast alle Kirchengebäude der Insel wurde sie im 13. Jahrhundert errichtet, der Turm kam ein Jahrhundert später hinzu. Besonders sehenswert sind die reichen Kalkmalereien, die in mehreren Phasen zwischen dem 13. und

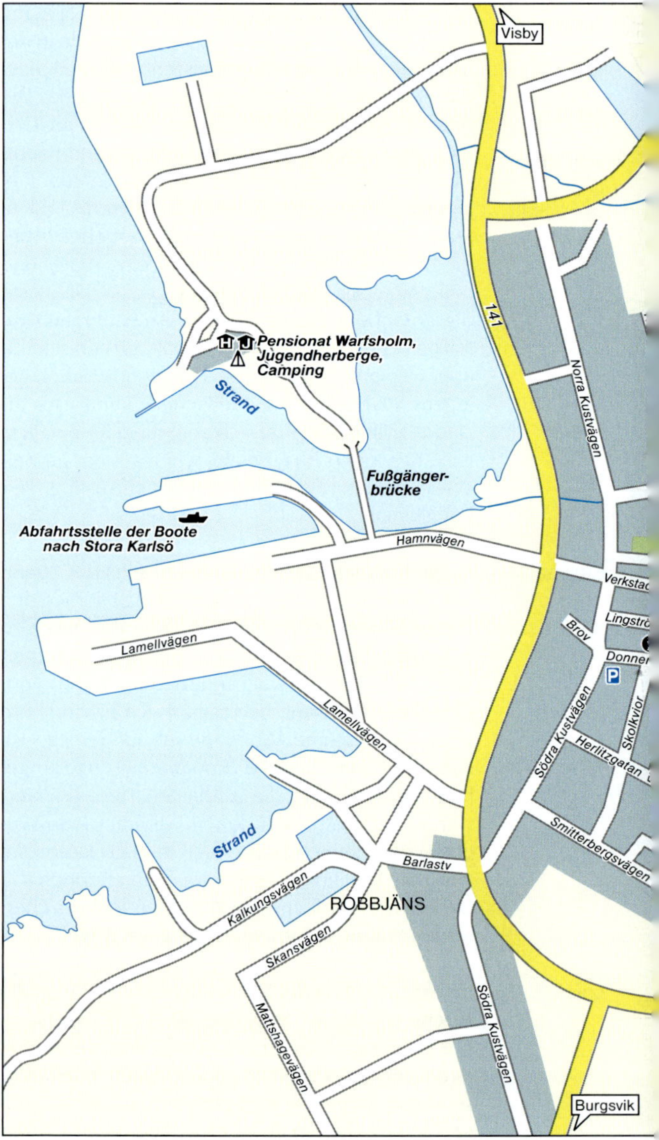
Visby
141
Pensionat Warfsholm,
Jugendherberge,
Camping
Strand
Fußgänger-
brücke
Abfahrtsstelle der Boote
nach Stora Karlsö
Hamnvägen
Norra Kustvägen
Lamellvägen
Lamellvägen
Strand
Barlastv
Kalkungsvägen
ROBBJÄNS
Skansvägen
Mattshagevägen
Södra Kustvägen
Södra Kustvägen
Smitterbergsvägen
Herlitzgatan
Skolkvior
Brov
Burgsvik

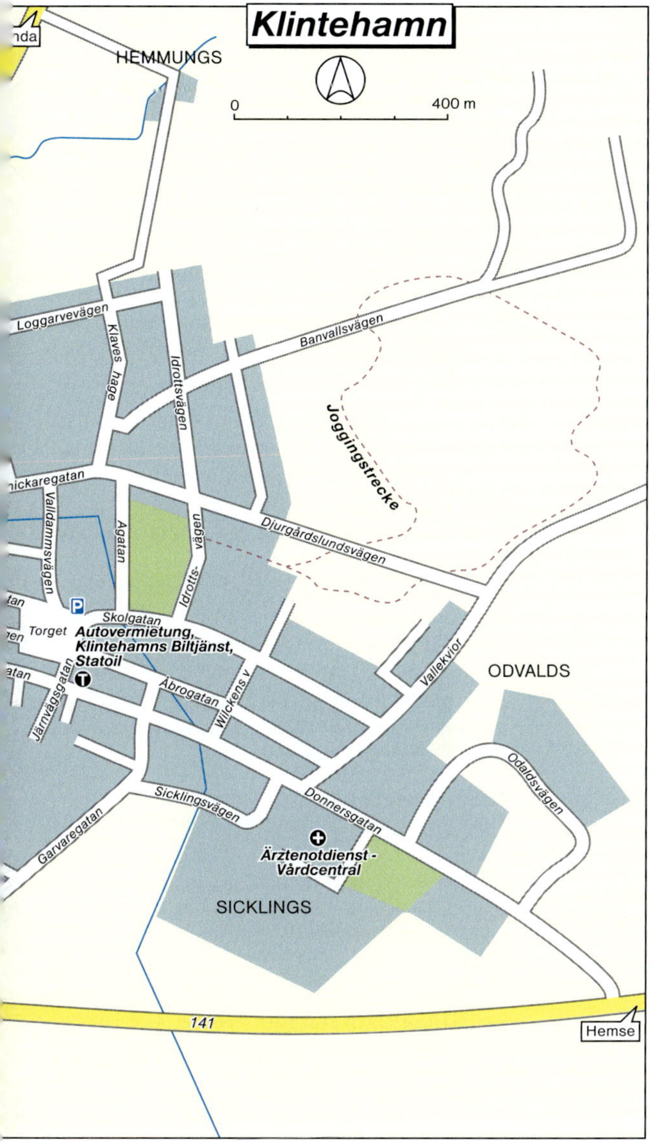
Klintehamn
0
400 m
HEMMUNGS
Loggarvevägen
Klaves hage
Idrottsvägen
Banvallsvägen
Joggingstrecke
Valldammsvägen
Agatan
Idrotts-vägen
Djurgårdslundsvägen
Skolgatan
Torget
Autovermietung, Klintehamns Biltjänst, Statoil
Järnvägsgatan
Åbrogatan
Wilckens v
Vallekvior
ODVALDS
Odaldsvägen
Sicklingsvägen
Donnersgatan
Garvaregatan
Ärztenotdienst - Vårdcentral
SICKLINGS
141
Hemse

16. Jahrhundert entstanden und erst 1923 wieder freigelegt wurden. Der Taufstein ist aus dem 12., das Altarbild aus dem 14. Jahrhundert.

Lojsta slott, das **Schloss von Lojsta,** ist vermutlich nicht das, was Sie sich vorstellen. Es gibt hier nämlich keine mittelalterlichen Gebäude mit romantischen Türmen und Zinnen zu sehen. Hier stehen lediglich spärliche Reste einer Befestigungsanlage aus dem 13. oder 14. Jahrhundert. Besuchenswert ist Lojsta slott trotzdem, denn die damaligen Bauherren hatten sich einen schönen Platz für ihre Burg ausgesucht. Umgeben von drei kleinen Seen liegt sie auf einem Hügel – der richtige Ort für einen kleinen Spaziergang.

Linde

Nur wenige Kilometer weiter wartet schon das nächste Gotteshaus. Die **romanische Kirche** von Linde stammt in ihren ältesten Teilen aus dem 12., das Langhaus und der Turm wurden erst im 13. Jahrhundert errichtet. Aus dieser Zeit sind auch die sehr sehenswerten Kalkmalereien, die unter anderem den Apostel Petrus, der den Schlüssel des Himmelreiches in seinen Händen hält, zeigen. Die Kalkmalereien wurden übrigens bei der Renovierung 1852 weiß übermalt, Gott sei Dank aber 1906 wieder freigelegt. Für deutsche Besucher besonders interessant ist der Altarschrein aus dem Jahre 1521, eine Lübecker Arbeit.

Touristinfo

- **Klintehamns Turistbyrå**
62020 Klintehamn, Tel./Fax (0498) 240880.

Übernachtung

- Neben einigen **Privathütten** (Angebote und Buchung über Gotlands Resor, Adresse siehe im Kapitel „Unterkunft") ist das **Pensionat Warfsholm,** Tel. (0498) 240010, Fax (0498) 241411, Internet: www.warfsholm.se, die einzige Übernachtungsmöglichkeit in Klintehamn. Hier findet man Unterkunft in allen Preisklassen, denn man kann Zimmer im Hotel (DZ 375–475 SEK/Pers.), in der Pension (DZ 295–320 SEK/Pers.) und in der Jugendherberge (DZ 165–185 SEK/Pers.) buchen. Im benachbarten 1-Stern-**Campingplatz** kann man für 100 SEK sein Zelt aufschlagen. Eine Ferienhütte kostet je nach Saison zwischen 4500 und 7400 SEK pro Woche.

● Will man **auf Stora Karlsö** in der **Pension** (ab 390 SEK/ Pers.) bzw. der **Jugendherberge** übernachten (Bett ab 200 SEK), sollte man unbedingt vorausbuchen. Das kann man telefonisch unter (0498) 240450 und per Mail unter boka@ storakarlso.se machen. Wer sich vorab aktuell informieren will, schaut unter www.storakarlso.se nach.

Essen und Schlafen

● **Djupvik Hotel/Resort**
Tel. (0498) 244272, Internet: www.djupvikhotel.com. Im Sommer 2008 wurde dieses für Gotland einmalige Designhotel eröffnet. Im Villastil erbaut, passen sich die Gebäude in die Natur ein. Alle Zimmer haben Meerblick. Im stylishen Restaurant wähnt man sich eher in einer europäischen Großstadt als in einem gotländischen Dorf. DZ 1950 SEK inkl. Frühstück.

Restaurant

● Dem **Pensionat Warfsholm** ist ein für schwedische Verhältnisse preisgünstiges Restaurant angeschlossen (Hauptspeisen ab 100 SEK). Besonders schön ist es hier, wenn man im Sommer sein Essen draußen auf der Terrasse einnehmen kann.

Wichtige Adressen

● **Ärztenotdienst**
Klintehamns Vårdcentral, Donnersgatan 50,
Tel. (0498) 204782.
● **Autovermietung**
Klintehamns Biltjänst, Statoil, Donnersgatan 5A,
Tel. (0498) 240004.
● **Fahrradvermietung**
Klinte Redskapshandel, Norra Kustvägen 17,
Tel. (0498) 240691.
● **Kino,** Bio Rondo, Skolgatan 3, Tel. (0498) 240686.

Sproge und Silte

Südlich von Eksta passiert man in Sproge und Silte **zwei Landkirchen.** Beide stammen aus dem 13. Jahrhundert und wurden auf den Grundmauern einer alten Stabkirche errichtet. Da Gotland eine ganze Reihe von herausragenden Kirchen zu bieten hat, kann man diese beiden, ohne viel versäumt zu haben, auslassen. Falls Sie sich doch zu einem Besuch entscheiden sollten, beachten Sie in der Kirche von Silte das Taufbecken aus dem 12. Jahrhundert, das von **Meister Sigrafr** geschaffen wurde. Diesen Namen werden sie in Zusammenhang mit gotländischen Kirchen immer wieder hören, denn er war einer der bedeutendsten gotländischen Bildhauer seiner Zeit.

Hablingbo

Sehenswerte Kirche

Die Kirche in Hablingbo lohnt einen ausführlichen Besuch. Der älteste Gebäudeteil ist der Kirchturm (12. Jahrhundert), der noch von der Vorgängerkirche stammt. Das gotische Langhaus wurde von den Arbeitern der Egypticus-Werkstatt errichtet und stammt aus dem frühen 14. Jahrhundert. Bemerkenswert ist das **Nordportal,** das ebenfalls noch von der Vorgängerkirche stammt. Es wurde von einem Baumeister geschaffen, der auch beim Dombau in Lund mitgewirkt hat. Dass er sich dabei hat inspirieren lassen, erkennt man unter anderem daran, dass viele „Geschichten", die hier erzählt werden, auch am Eingangsportal von Lund ein Thema sind. Im Rundbogen über dem Eingang wird die Geschichte von *Kain* und *Abel* dargestellt. In der Mitte thront Gott Vater, auf der einen Seite *Abel* mit dem Opferlamm, auf der anderen *Kain* mit dem Ährenbüschel. Hinter ihm der Teufel, der ihm den Mordgedanken einflüstert. Auf der linken Seite ist dann der Brudermord abgebildet. Auch das zweite Eingangsportal ist reich geschmückt und erzählt die Geschichte von Mariä Verkündigung. Der Innenraum hat bei der letzen Renovierung zu Ende des 19. Jahrhunderts viel von seinem Reiz verloren und hält nicht das, was man sich beim Eintreten durch das prachtvolle Portal verspricht. Im Chor befinden sich Reste der Wandbemalung aus dem 15. Jahrhundert, der Altaraufsatz im Barockstil stammt ebenso wie die Kanzel aus dem 17. Jahrhundert.

Gute Vingård

In Hablingbo gibt es aber noch viel mehr zu sehen als die Kirche. Da ist zunächst einmal Gute Vingård. Man will es nicht glauben, aber seit dem Jahr 2002 gibt es auch auf Gotland eine **Weinkellerei.** Damals beschloss *Lauri Papinen,* sich seinen Traum vom eigenen Weinberg zu verwirklichen, und pflanzte im Süden Gotlands seine Rebstöcke an. Ob die schwedischen Weine inzwischen schon internationales Format haben, können Sie im Sommer gerne selbst ausprobieren. Dann hat nämlich das **Restaurant Vingården** geöffnet und bietet natürlich auch Wein aus eigener Herstellung an. Außerhalb des Restaurants kann man den Wein nicht erwerben. Da in Schweden Alkohol nur durch das staatliche Systembolaget verkauft werden darf, kann man nicht einmal in der Weinkellerei den dort hergestellten Wein kaufen. Zwischen Ende Juni und Anfang August werden zudem jeden Tag um 16.30 Uhr Touristen durch den Weinkeller geführt. Wem es danach so gut gefällt, dass er länger bleiben will, der kann ein Bett in der dem Weingut angeschlossenen **Jugendherberge** buchen. Mehr Informationen über all die genannten Attraktionen findet man im Internet unter www.gutevin.se, oder man informiert sich telefonisch unter (0498) 487070; per Fax ist Gute Vingård unter der Nummer (0498) 487271 zu erreichen.

Petesgården

Etwas außerhalb von Hablingbo liegt in malerischer Lage direkt am Meer der **Museumsbauernhof** Petesgården. Er wurde im späten 18. bzw. in der Mitte des 19. Jahrhunderts erbaut und ist ganz im Stil der damaligen Zeit eingerichtet. Die frühere Besitzerin, die den Bauernhof 1947 gekauft und vor dem Verfall gerettet hat, war Apothekerin; da sie sich für Heilpflanzen interessierte, hat sie in Petesgården einen **Kräutergarten** angelegt, den man heute besichtigen kann. Auch die Rosensträucher stammen aus der „Sammlung" der früheren Besitzerin. In den kommenden Jahren sollen noch mehr **Rosen** angepflanzt werden und ein großer Rosengarten entstehen. Ein schön gelegenes **Café** mit Aussicht aufs Meer lädt zu einer Pause ein, bei schönem Wetter kann man seinen Kaffee auch im Freien unter schattigen Bäumen genießen.

Infos

- **Öffnungszeiten:** 15.6. bis 31.8. 11.00–17.00 Uhr.
- **Eintritt:** 40 SEK; das Kombiticket des Länsmuseum für 140 SEK gilt auch hier.

Havdhem

In der Nachbargemeinde Havdhem lädt ein **privates Landwirtschaftsmuseum** zum Besuch ein. Hier sind all diejenigen richtig, die sich für alte Traktoren und Ähnliches interessieren.

Infos

- **Öffnungszeiten:** 1.6. bis 15.8. Mo bis Fr 10.00–17.00 Uhr, Sa, So 12.00–17.00 Uhr.
- **Eintritt:** 20 SEK

In **Skåls Galleri & Café** kann man Kunst und Müßiggang auf ideale Weise verbinden. Im Sommer finden hier wechselnde Ausstellungen statt, außerdem kann man im Hof des alten Bauernhofes gemütlich seinen Kaffee oder Tee trinken. Wie die meisten Lokale auf dem Land hat Skåls nur in der Hochsaison geöffnet. Auch in Havdhem kann man sich wieder in einer **Kirche** umsehen. Sehenswert ist vor allem das Triumphkruzifix aus dem 15. Jahrhundert. An jedem anderen Ort wäre das Gotteshaus eine echte Sehenswürdigkeit, angesichts der Vielzahl der Kirchen in Gotland gehört sie aber nicht zu denen, die man unbedingt gesehen haben muss.

Eke

Die **Kirche** von Eke lohnt schon eher einen Besuch. Zum einen wegen ihrer reichhaltigen Kalkmalereien, zum anderen wegen des Taufsteins von Meister *Sigrafr* aus dem 12. Jahrhundert. Wer sich für die Bauernkultur auf der Insel interessiert, wird ohnehin nach Eke kommen wollen, denn hier liegt der **Bauernhof Petsarve** aus dem frühen 19. Jahrhundert.

Grötlinbo

Sehenswerte Kirche

Die „Kirchentour" führt weiter nach Grötlinbo. Hier sollten auch diejenigen anhalten, die meine Hinweise bisher beherzigt und die „weniger wichtigen" Kirchen ausgelassen haben, denn hier lohnt der Besuch auf jeden Fall. Im 12. Jahrhundert begann man mit dem Bau des kleinen Langhauses. Im 13. Jahrhundert wurde daran der Turm angefügt, Mitte des 14. Jahrhunderts wurde das alte Langhaus abgerissen und ein neues, größeres zusammen mit einem Chor errichtet. Der älteste heute noch erhaltene Teil der Kirche ist also der Turm. Gebaut wurde das Langhaus von Gotlands bester „Kirchenbaufabrik", nämlich der Werkstatt des Meisters *Egypticus*. Die Fassadenreliefs an der Außenseite stammen von Meister *Sigrafr*, ebenso das Taufbecken im Innern. *Egypticus* und *Sigrafr* mögen uns heute vielleicht nichts mehr sagen, damals waren sie aber die besten und teuersten Künstler auf der Insel. Eine Gemeinde, die beide für sich arbeiten lassen konnte, musste schon sehr reich sein. Das Triumphkruzifix aus dem 14. Jahrhundert hing schon in der Vorgängerkirche, die Kanzel ist die älteste in Gotland, datiert auf das Jahr 1548 zurück und befand sich einst im Dom von Visby.

Kattlunds und Umgebung

Museumsbauernhof

Kattlunds ist ein weiterer Museumsbauernhof, der vom gotländischen Landesmuseum betreut wird. Er ist das einzige Beispiel eines in Stein gebauten Großbauernhofes in Nordeuropa aus dem Mittelalter. Die ältesten Teile stammen aus dem 13. Jahrhundert, sein heutiges Aussehen erhielt er durch eine ganze Reihe von An- und Umbauten, deren letzte zu Beginn des 19. Jahrhunderts durchgeführt wurde. Man nimmt an, dass hier kein gewöhnlicher Bauer wohnte, sondern jemand, der in großem Reichtum gelebt hat. Unter anderem kann man dies aus der Trennung von Wohnhaus und Stall schließen, etwas, das sich in jenen Tagen nur wirklich vermögende Menschen leisten konnten. Auffällig sind die kleinen „Dächer" aus Steinplatten über den aus dem Gemäuer herausragenden Holzbalken. Sie hatten den Zweck, die Balkenköpfe vor Feuchtigkeit zu schützen.

Infos

- **Öffnungszeiten:** 1.6. bis 31.8. tgl. 12.00–18.00 Uhr.
- **Eintritt:** 40 SEK; das Kombiticket des Länsmuseum für 140 SEK wird akzeptiert.

Näs

Im Nachbarort Näs steht zwar auch eine **Kirche** aus dem 13. Jahrhundert, doch deren Innenraum hat man bei der Modernisierung um 1910 so viel Gewalt angetan, dass man ohne schlechtes Gewissen auf den Besuch verzichten kann. Wer sich für Windkraft interessiert, der will ohnehin lieber einen Ausflug zu **Gotlands größter Windkraftanlage** auf der **Landspitze Näsudden** machen. Im Juli kann man hier auch eine **Ausstellung** besuchen, die nähere Informationen über den Windpark und die Windkraft im Allgemeinen gibt. Öffnungszeiten: im Juli tgl. 10.00–17.00 Uhr.

Burgsviken

Südlich von Kattlunds kann man an der **Bucht** Burgsviken eine kleine Badepause einlegen.

Fide

Bevor man Burgsvik erreicht, passiert man noch zwei Kirchen. Die von Fide können Sie, die von Öja (siehe unten) müssen Sie besichtigen. Nicht umsonst gilt letztere als die schönste Landkirche der Insel. Die **Kirche** von Fide wurde 1250 errichtet, der Turm wenige Jahre später angefügt. Sie ist reichhaltig mit Kalkmalereien geschmückt, die aus dem 13. und 15. Jahrhundert, stammen. Die 1587 eingefügte Kanzel gehört zu den ältesten Got-

Museumsbauernhof Kattlunds:
Esszimmer im Wohnhaus

got_183 Foto: rk

lands. Interessant ist die so genannte **Klageinschrift von 1361** im Triumphbogen. Sie erinnert an den Einmarsch der Dänen, bei dem tausende gotländische Bauernsoldaten niedergemetzelt wurden. Neben dem Bildnis des leidenden Jesus Christus steht die lateinische Inschrift: „Aedes succense gens caesa dolens ruit ense" – „Der Hof ist niedergebrannt und die Menschen fallen schmerzvoll dem Schwert zum Opfer".

Öja

Schönste Landkirche Gotlands

Um den Bau der Kirche von Öja rankt sich eine schöne Legende. Die Maurer arbeiteten eifrig an dem Gotteshaus und kamen gut voran, doch über Nacht wurde das Gemäuer immer wieder abgetragen. Dies ging eine ganze Weile so, bis man schließlich feststellte, dass der größte Bauer der Region jede Nacht die Mauern wieder abbrechen ließ. Er wollte das Gotteshaus nämlich näher an seinem Hof wissen, damit er schneller zur Kirche gelangen konnte. Offenbar setzten sich schon damals die Mächtigen durch, denn schließlich wurde sein Wunsch erfüllt. So jedenfalls weiß es die Legende zu berichten, die wahre Baugeschichte war vermutlich viel langweiliger.

In Öja stand bereits im 12. Jahrhundert ein Gotteshaus, das den reichen Dorfbewohnern aber schon bald als zu klein und bescheiden erschien. Die alte romanische Kirche wurde also abgerissen und durch eine gotische ersetzt, deren Einweihung 1232 gefeiert werden konnte. Doch mit diesem Datum war die Kirche noch lange nicht fertig, denn damals stand lediglich der Chor mit seinem Altar. Das Langhaus wurde bis zum Ende des 13. Jahrhunderts fertig gestellt, und 1360, also erst kurz bevor die Dänen die Insel eroberten, war auch der **mächtige Turm** fertig. Er wurde von der Werkstatt des Meisters *Egypticus* errichtet und ist

got_184 Foto: rk

mit 67 Metern der höchste einer gotländischen Landgemeinde. Deswegen wurde die „lange Gans“, wie der Turm von der Bevölkerung genannt wird, auch zu einem wichtigen Orientierungspunkt für Seefahrer. Während die übrigen Portale der Kirche sehr schlicht sind, ist das **Nordportal** des Turmes relativ **reich geschmückt.** Die liegende Figur am westlichen Kapitellband (wenn Sie auf das Portal zugehen das rechte) stellt den Heiligen Eligius, den Schutzpatron der Goldschmiede, dar. Er ist an den Werkzeugen seiner Zunft – Zange und Hammer – zu erkennen. Ihm gegenüber sind einige Köpfe zu sehen, die in der Folge von außen nach innen einen grinsenden Teufel, die Jungfrau Maria, Christus mit dem Heiligenschein und den Apostel Johannes darstellen. Auf den äußeren Pfeilern sind Heilige und Apostel abgebildet, unter anderem Petrus mit dem Schlüssel des Himmelreichs, Paulus mit dem Buch und dem Schwert sowie der Heilige Olaf mit der Axt.

Triumphkruzifix

Die **größte Sehenswürdigkeit im Innenraum** ist zweifelsohne das Triumphkruzifix aus dem späten 13. Jahrhundert. Das Kreuz ist von einem Kranz umgeben, auf dem zwölf Blüten zu sehen sind. Theologen streiten sich darüber, ob sie die zwölf Apostel oder die zwölf Stämme Israels repräsentieren. Klar ist dagegen, dass die vier viereckigen Täfelchen oben und unten, rechts und links am Kreuz die Evangelistensymbole zeigen – der Engel für Matthäus (links), der Stier für Lukas (rechts), der Adler für Johannes (oben) und der Löwe für Markus (unten). In den vier Feldern, die zwischen dem Kreuz und dem Kreuzkranz liegen, sind die folgenden Szenen dargestellt: unten links der Sündenfall, rechts dann die Vertreibung aus dem Paradies; in den oberen beiden Feldern die himmlischen Heerscharen, die mitfühlend auf das Leiden Christi herabblicken. Über die Herkunft des Kreuzes wird die folgende Geschichte erzählt: Angeblich war es gar nicht für die Kirche in Öja bestimmt, sondern sollte von Europa an einen Fürstenhof in Russland gebracht werden. Vor Gotland aber ging das Schiff mit dem Kreuz an Bord unter, die Besatzung überstand die Katastrophe wie durch ein Wunder unbeschadet. Als dann auch noch das Kreuz unbeschädigt ans Ufer der Insel geschwemmt wurde, schenkten es die Seeleute als Dank für ihre Rettung der Kirche von Öja. Tatsächlich weiß man wenig über die Herkunft des Kreuzes, manche Kunsthistoriker nehmen an, dass es aus einer gotländischen Werkstatt stammt, andere verweisen auf die Ähnlichkeiten mit deutschen und französischen Arbeiten aus jenen Tagen und nehmen deshalb eines dieser Länder als Produktionsstätte an.

Die **Holzskulpturen** unterhalb des Kreuzes stellen die trauernde Gottesmutter Maria und den Apostel Johannes dar. Bei der Marienskulptur handelt es sich um eine Kopie, deren Original im Landesmuseum Gotlands Fornsal in Visby steht. Die Johannesskulptur ist eine neuzeitliche Nachempfindung eines alten Werkes, das irgendwann im Laufe der Jahrhunderte verloren gegangen war.

Wandmalereien

Die Wandmalereien in der Kirche von Öja sind ebenfalls von besonderer Qualität. Die ältesten Malereien am Ostfenster des Chores (ein Kreuz und einige Sonnensymbole) stammen aus dem frühen 13. Jahrhundert, die übrigen Malereien wurden im 15. Jahrhundert hinzugefügt. Bei genauem Hinsehen kann man die folgenden **acht „Geschichten“** aus den Bildern herauslesen: 1. das Martyrium des Heiligen Laurentius, der auf einem heißen Rost zu Tode gefoltert wird; 2. eine unbekannte Heilige, die geköpft wird; 3. in einem Baum sitzt ein reicher Mann, während der Baum vom Tod gefällt wird, ein Symbol dafür, dass der

Tod jeden heimsucht, egal ob reich oder arm; 4. die Heilige Barbara ist in ihrem Turm mit den drei Fenstern (Symbol für die Trinität) eingesperrt (der Legende nach wurde Barbara vom eigenen Vater *Dioskoros* gefangen gehalten und später auf seinen Befehl hin enthauptet); 5. Szenen aus der Kindheit Jesu, unter anderem der Kindsmord zu Bethlehem und die Flucht nach Ägypten; 6. der Sündenfall; 7. der Heilige Georg mit dem Drachen; 8. der Drachentöter.

Die Wandmalereien im Langhaus stammen aus dem 15. Jahrhundert und stellen Szenen aus dem Leben Jesu dar. Die Wandmalerei über dem Nordportal ist besonders interessant, denn sie erzählt keine Geschichte aus der Bibel, sondern ist quasi eine ständige Mahnung an alle Bediensteten, ihre Herrschaften nicht zu bestehlen: Abgebildet ist eine Magd, die heimlich die Kuh eines fremden Bauern melkt und deren Milch raubt. Ganz links wird die Kuh von zwei Teufeln festgehalten und von einem Hasen – Symbol des flüchtigen und kurzen Menschenlebens – gemolken, in der Mitte eine Magd, die mit der Hilfe des Teufels buttert. Auf der rechten Seite sieht man, was mit solchen Dieben geschieht, denn ungestraft kommt die Magd nicht davon: Sie gelangt nicht in das Himmelsreich und wird von einem Drachen verschlungen. Ähnliche Darstellungen findet man in einigen Kirchen der Insel. Immer wieder werden so die Mägde und Knechte zur Ehrlichkeit gemahnt und ihnen mit der Hölle gedroht. Die Wandmalerei in der Nordostecke der Kirche, die Maria mit dem Jesuskind darstellt, wurde erst bei der letzten Restaurierung im Jahre 1989 angefügt. Weiter beachtenswert sind der Altaraufsatz aus Sandstein von 1643, das Taufbecken von 1620 und die Kanzel aus dem Jahr 1628.

Burgsvik

Nur einen Katzensprung von der Kirche von Öja entfernt liegt Burgsvik, der Hauptort des Südens. Sehenswürdigkeiten gibt es nicht, allenfalls lohnen kann ein **Besuch des Marktes** (an den vier Juli-Samstagen 10.00–13.00 Uhr). Sehr schön gelegen ist das **Restaurant Guldkaggen** am Hafen. Wer hier an einem lauen Abend die Sonne im Meer versinken sieht, wird das sicher nicht so schnell vergessen - ein Platz für Romantiker.

Essen und Schlafen

- **Värdshuset Guldkaggen**
62110 Burgsvik, Hamnvägen 36, Tel. (0498) 497309. Schön am Meer gelegen in einem 300 Jahre alten ehemaligen Lagerschuppen. DZ um die 800 SEK.
- **Värdshuset Björklunda**
62010 Burgsvik, Tel. (0498) 497047, Fax (0498) 497850. DZ um die 800 SEK.

Bottarvegården

Museumsbauernhof

Etwa 5 Kilometer südlich von Burgsvik erreicht man den Museumsbauernhof Bottarvegården. Hier bekommt man einen Einblick ins Landleben zum Ende des 19. und zu Beginn des 20. Jahrhunderts. Die Originaleinrichtung aus dieser Zeit wurde erhalten. Bottarvegården ist aber viel mehr als ein Museum. Der Hof hat sich zu einem regelrechten **Kulturzentrum** entwickelt, in dem im Juli und August Theater gespielt wird. *Kleist, Dostojewskj, Genet* und *Fo,* das kleine Theater traut sich einiges zu. In dem kleinen **Museumsrestaurant Matstugan** kann man sich an traditioneller Hausmannskost gütlich tun, bei schönem Wetter auch draußen. Und wer sich mit Souvenirs eindecken will, wird sicher im „Handwerkerladen" fündig.

Infos

- **Öffnungszeiten:** 13.5. bis 17.9. 11.00–17.00 bzw. 12.00–16.00 Uhr. Internet 15 Min./20 SEK.
- **Eintritt:** 30 SEK
- **Weitere Infos:** www.bottarve.se

Vamlingbo

Sehenswerte Kirche

Die Kirche von Vamlingbo nimmt auch in Gotland eine besondere Stellung ein. Auch wer gerade in Öja die Kirche besucht hat, sollte hier nochmals seine Fahrt unterbrechen. In der ersten Hälfte des 13. Jahrhunderts begann man mit dem Bau, doch es dauerte fast 100 Jahre, bis der letzte Stein gesetzt war. Der älteste Teil ist der Chor, dann wurde das Langhaus angefügt und schließlich der Turm. Der erscheint etwas unförmig und schmiegt sich an die Kirche wie ein kleines, dickes Männchen. Ursprünglich hatte er auch bessere Proportionen zu bieten. Doch 1817 brannten die oberen Geschosse nach einem Blitzeinschlag ab, und man setzte dann nur noch ein recht plump anmutende Turmspitze auf. Besonders sehenswert ist die **Wandmalerei der so genannten Seelenwägung des Kaisers Heinrich II.** (973–1024) an der Nordwand des Langhauses. Das Bild erzählt die folgende Geschichte: Auf dem Totenbett wird die Seele *Heinrich II.* gewogen, in der einen Waagschale seine Seele, in der anderen Buchrollen, auf denen die bösen Taten des Kaisers niedergeschrieben sind. Als sich die Waage zu Ungunsten des Kaisers zu neigen droht, spendet er dem Laurentiuskloster in Merseburg einen wertvollen Goldkelch. Doch immer noch ist der Kampf zwischen Gut und Böse unentschieden. Schließlich eilt Erzengel Michael herbei und legt einen weiteren Kelch in die Schale des Guten und rettet so die Seele des Kaisers. Die Wandmalerei stammt vermutlich aus der Zeit um 1250 und wurde von einem deutschen Künstler ausgeführt. Da Wandmalereien dieser Art in Deutschland kaum noch erhalten sind, hat man hier **eines der wichtigsten Zeugnisse deutscher Wandmalkunst der Spätromanik** vor Augen.

Im Chor dominiert eine 6 Meter hohe Wandmalerei aus dem 14. Jahrhundert, die den Heiligen Christophorus mit dem Jesuskind zeigt. Einen Blick wert ist auch der Taufstein aus dem späten

12. Jahrhundert, der aus der Werkstatt des Meisters *Byzantinos* stammt. Neben der Kirche liegt der **größte Pfarrhof der Insel.** Der 50 Meter lange Bau stammt vom Ende des 18. Jahrhunderts. 2003 wurde der Pfarrhof von dem gotländischen Vogelmaler *Lars Jonsson* gekauft und zu einem Museum umgebaut. In einem Teil des Gebäudes stellt er seine eigenen Werke aus, in einem anderen liegt das **Naturum,** eine Ausstellung über die Inselnatur. Von Mai bis Mitte September ist die Ausstellung täglich geöffnet, danach nur am Wochenende.

Hamra Krog och Restaurant

Hamra Krog och Restaurant ist einen Ausflug wert. Die **Kneipe** ist im Süden der Insel nicht ohne Grund Kult, denn der Besitzer *Göran Ringbom* ist ein Original und Vielfachkünstler. Zusammen mit seiner Frau betreibt er neben dem Restaurant eine **Glasbläserei** und eine **Töpferei.** Außerdem gibt er mehrmals in der Woche seine eigenen Lieder zum Besten; *Ringbom* ist nämlich auch Sänger, und zwar nicht irgendein Provinzmusiker, sondern jemand, der schon einmal einen Nummer-1-Hit in Schweden hatte. Wenn Sie sich erst mal *Ringboms* Musik anhören wollen, bevor Sie sich auf den Weg zu seiner Kneipe machen - auch das ist möglich: Auf seiner Internetseite kann man seine Songs probehören und bei Gefallen auch gleich die CDs bestellen. Außerdem erfährt man alles Wissenswerte über alle sonstigen Aktivitäten in Hamra. Die Adresse lautet www.ringbom.nu.

Essen und Schlafen

● **Pensionat Holmhällar**
Vamlingbo, 62010 Burgsvik, Tel. (0498) 498030, Fax (0498) 498056, Internet: www.holmhallar.se. DZ 500–650 SEK/Pers. Sehr ruhige Lage in einem Wäldchen und in Meeresnähe. Da Ruhe zum Programm des Hotels gehört, sind Fernsehgeräte aus den Zimmern verbannt. Das Hotel ist ganzjährig geöffnet, das angeschlossene Restaurant nur von Anfang Mai bis Mitte September. Auch Vermietung von Hütten.

Steinmuseum bei Kettelvik

Kettelvik

Steinmuseum

Auf dem Weg zur Südspitze der Insel kommt man bei Kettelvik an einem Steinmuseum vorbei. Da der gotländische Sand- und Kalkstein immer eine wichtige Rolle für die Wirtschaft der Insel spielte, ist ein Besuch durchaus interessant. Der Parkplatz am Museum ist aber auch ein guter Ausgangspunkt für Wanderungen an der Südspitze Gotlands.

Infos

- **Öffnungszeiten:** 1.6. bis 31.8. 11.00–15.00 Uhr.
- **Eintritt:** frei.

Sundre

Südlichstes Dorf auf Gotland

Sundre ist das südlichste Dorf auf Gotland. Hier leben permanent nur ungefähr **20 Menschen.** Tendenz sinkend, denn immer mehr Bauern verkaufen ihre Höfe. Dafür nimmt die Zahl der Sommerhäuser zu. Um die Insel gegen Eindringlinge zu

got_191 Foto: rk

got_192 Foto: rk

verteidigen, wurde bereits im 12. Jahrhundert ein **Wehrturm** errichtet, der auch heute noch gut erhalten ist. Gleich daneben liegt die **romanische Kirche** aus dem 13. Jahrhundert. Die Mauern des Kirchhofes sind hoch und sehr dick, ein Hinweis darauf, dass sich die Bauern zur Verteidigung gegen Angriffe hierher zurückzogen. Im Innern der Kirche sind vor allem die Kalkmalereien sehenswert, die unter anderem die trauernde Gottesmutter Maria (13. Jahrhundert) und wie in vielen Kirchen üblich ein Passionsfries (15. Jahrhundert) darstellen.

Kalkfelsen bei Hoburgen

Hoburgen

Eldorado für Seevögel

Im äußersten Süden der Insel erreicht man Hoburgen, ein **Heidegebiet,** dass mit steilen Kalkfelsen ins Meer abfällt. Die **Klippen** sind bis zu 35 Meter hoch und ein Eldorado für Seevögel – und für **Fossiliensammler,** die hier schon manchen schönen Fund machen konnten. Für Ornithologen sind besonders die Monate September und Oktober interessant, wenn viele Zugvögel Rast auf ihrem Weg nach Süden machen. Der Kalkstock ist von mehreren Höhlen durchzogen, vereinzelt ragen mächtige „Felsgestalten" auf. Eine solche ist auch der 4 Meter hohe **Hoburgsgubben** (dt. Hoburgsgreis), der zu einem Wahrzeichen Gotlands geworden ist. Wenn Sie das Profil des alten Knaben nicht sogleich erkennen sollten, suchen Sie einfach nach seiner roten Nase, die ihm der manchmal eisige Meereswind verpasst hat.

Restaurant

● In der Nähe des Hoburgsgubben kann man im **Restaurant Majstregården** eine kleine Rast einlegen und mit Meeresblick speisen. Wenn man draußen sitzt, tut man dies besser mit dem Rücken zum Gasthaus, denn eine architektonische Meisterleistung ist der unansehnliche Flachbau sicher nicht. Von Mai bis Anfang September ist das Restaurant 12.00–16.00 Uhr geöffnet, in der Sommersaison 12.00–20.00 Uhr. Wer in der übrigen Zeit des Jahres hierher kommt, der muss sich aus dem eigenen Picknickkorb ernähren.

got_194 Foto: rk

Die Nordwestküste

Villa Muramaris

Museum

Die Villa Muramaris liegt nur 5 Kilometer nördlich von Visby und ist ein ideales Ausflugsziel für eine kurze Fahrradtour oder ein Sonntagspicknick. Man merkt der Villa an, dass sie einst im Auftrag eines Künstlerehepaars errichtet wurde. *Johnny Roosval,* der erste Professor für Kunstgeschichte in Schweden, und seine Frauen *Ellen,* die Malerin, Bildhauerin und Musikerin war, zogen hier 1917 ein. Das Haus erinnert mit seiner offenen Loggia und seinem Barockgarten an Italien. Die Villa Muramaris ist heute ein Museum und kann von Juni bis August täglich 12.00–18.00 Uhr besichtigt werden. Dann finden auf dem Gelände auch immer wieder **Ausstellungen zeitgenössischer Kunst** statt.

Essen und Schlafen

- Im umgebauten alten Holzschuppen und der Waschküche der Villa Muramaris ist ein gemütliches **Café** eingerichtet, im Sommer kann man unter Schatten spendenden Bäumen im Freien sitzen. Wenn Sie ein **Picknick** am nahe gelegenen Strand machen wollen und keinen eigenen Picknickkorb dabeihaben, stellt man Ihnen im Restaurant gerne einen zusammen (Vorbestellung).
- Man kann in Muramaris auch **Hütten** mieten, je nach Saison und Anzahl der Betten (4 oder 6 Betten sind möglich) liegen die Preise zwischen 3900 und 5500 SEK.
- Weitere **Infos:** Villa Muramaris, Tel. (0498) 249149, Fax (0498) 279200, E-Mail: muramaris@swipnet.se, Internet: www.muramaris.se.

Krusmyntagården

Kräutergarten

Ebenfalls ein beliebtes Ausflugsziel ist der Krusmyntagården, den man etwa 10 Kilometer nördlich von Visby erreicht. Die eigentliche Attraktion ist das Kräutergärtlein, das man für 25 SEK besichtigen kann. Aber nicht jeder Besucher leistet sich eine Eintrittskarte. Die meisten begnügen sich damit, in dem kleinen **Café** mit herrlichem Meerblick zu entspannen und einfach die Ruhe auf sich wir-

got_197 Foto: rk

ken zu lassen. Dass die Speisen, die auf der kleinen Karte geboten werden, wirklich von vorzüglicher Qualität sind, ist dann nur ein zusätzlicher Bonus. Toiletten werden im Allgemeinen nicht als Sehenswürdigkeit angepriesen, doch selbst wenn Sie gerade keinen Drang verspüren, sollten Sie hier austreten – und nicht nur einmal, denn individuell eingerichtete Toiletten bekommt man nicht alle Tage zu sehen. Wenn Ihnen Lamm schmeckt und Sie auch schon lange mal den typisch gotländischen **Saffranspannkaka** (siehe dazu im Kapitel „Essen und Trinken") probieren wollten, können Sie sich im Juli jeden Dienstag und Donnerstag für einen Grillabend anmelden. Vorausbuchung ist notwendig: Tel. (0498) 296901.

Infos

- **Geöffnet** ist der Krusmyntagården von Ende Mai bis Ende August 9.00–18.00 Uhr. Im Juli kann man sogar bis 20.00 Uhr seinen Kaffee mit Meerblick trinken.
- Wenn Sie mehr über das Kräutergärtlein am Meer wissen oder sich gar die Kräuter bestellen wollen, dann sollten Sie **im Internet** die Seite www.krusmynta.se aufrufen. Eintritt: 30 SEK.

Villa Muramaris

Lummelunda

Lummelundagrotta

Da Gotland zu großen Teilen aus Kalkstein besteht, ist die Insel ziemlich „höhlenreich" – Kalkstein ist ein Stein, der sehr leicht verwittert. Regen- und anderes Oberflächenwasser dringt in die Ritzen des Gesteins ein. Durch seinen Kohlendioxidanteil wirkt das Wasser wie eine leichte Säure und löst den Stein auf. Die Ritzen werden allmählich etwas größer, und im Laufe der Jahrtausende wird der Kalkstein so stark ausgewaschen, dass Höhlen entstehen. Mit 4 Kilometern Länge ist die Lummelundagrotta die **größte Höhle Gotlands** und mit **mehr als 100.000 Besuchern pro Jahr** zugleich eine der meistbesuchten Touristenattraktionen. Zusammen mit einem Führer kann man auf einem rund 30-minütigen **Rundgang** die schönsten Stellen besuchen. Wer es abenteuerlicher mag, kann mit Helm, Grubenlampe, Gummistiefeln und Wasser abweisendem Overall ausgerüstet robbend und kriechend die entlegenen Höhlenabschnitte erforschen. Zu dieser Abenteuerführung muss man sich vorab anmelden.

Infos

- **Öffnungszeiten:** 1.5. bis 5.6. 10.00–15.00 Uhr, 6.6. bis 18.6. 10.00–16.00 Uhr, 20.6. bis 7.8. 09.00–18.00 Uhr, 8.8. bis 23.8. 10.00–16.00 Uhr, 23.8. bis 30.9. 10.00–14.00 Uhr.
- **Eintritt:** 100 SEK
- Aktuelle Infos **im Internet:** www.lummelundagrottan.se
- Im Sommer jeden Tag um 14.00 Uhr **Busverbindung** zur Lummelunda-Grotte vom Österport in Visby.

In der Nähe der Höhle kann man das angeblich **größte Mühlenrad Europas** besichtigen (10 SEK).

Seriegården

Kaum 1 Kilometer von der Höhle entfernt liegt am Rande der Hauptstraße der so genannte Seriegården. Hier sind **200 Comic- und Märchenfiguren in „natürlicher Größe"** ausgestellt, so heißt es jedenfalls im Prospekt. Wie man die „natürliche Größe" von *Pu dem Bären* oder *Superman* feststellt, wird aber nicht verraten. Ob eine Ausstellung von in Beton gegossenen Figuren für Erwachsene eine Besuch wert ist, sei dahingestellt. Kleine Kinder werden sich hier aber sicher wohl fühlen

Infos

- Der Park ist **nur im Sommer geöffnet,** dann täglich 10.00–17.00 Uhr, im Juli sogar 9.30–18.00 Uhr.
- **Eintritt:** 60 SEK
- Infos **im Internet:** www. seriegarden.i.se

Sehenswerte Kirche

Die ältesten Teile der Kirche von Lummelunda, das Langhaus und der Turm, wurden ungefähr um das Jahr 1200 und dementsprechend im Stil der Romanik erbaut. Der gotische Chor wurde Mitte des 14. Jahrhunderts angefügt. Er erscheint im Vergleich zum Rest der Kirche als zu groß. Das liegt daran, dass er der Beginn eines Neubaus der gesamten Kirche war. Langhaus und Turm hätten später ebenfalls vergrößert werden sollen, doch durch den Einmarsch der dänischen Truppen im Jahre 1361 kam jede Bautätigkeit zum Erliegen, und die geplanten Arbeiten wurden nie ausgeführt. An den Portalen kann man sehr schön die **unterschiedlichen Baustile** erkennen. Die romanischen Portale im Süden und am Turm sind ohne jede Ausschmückung, während das gotische Portal am Chor reich verziert ist. Am östlichen Kapitellband ist unter anderem die Verkündigungsszene dargestellt, die deswegen bemerkenswert ist, weil der Künstler auf die Figur der Maria verzichtet hat. Der Chor wird von **reichhaltigen Kalkmalereien** geziert, an der Südwand erkennt man Paulus mit dem Schwert, an der Nordwand eine Darstellung des Jüngsten Gerichts. Die Malereien im Langhaus erzählen, wie in vielen anderen Kirchen auf der Insel auch, die Leidensgeschichte Jesu. Die ältesten Malereien in der Kirche findet man im Turmbogen, die bunten Quadermalereien stammen aus dem Jahr 1250.

Übernachtung

- **Jugendherberge Lummelunda**
Nyhamn Lummelunda, Tel. (0498) 273043, Fax (0498) 272225, E-mail: lummelunda.vh@telia.com. Geöffnet von Mai bis September. Auch Doppel- und Familienzimmer. DZ 400 SEK, Bett 175 SEK.

- **Jugendherberge Irevik**
Tel. (0498) 224731. 28 Betten in 2- und 4-Bett-Zimmern (Bett 170 SEK), wunderbare Lage am Meer. **Restaurant** und Kiosk.

Martebo

Sehenswerte Kirche

Kaum mehr als einen Steinwurf entfernt kommt man schon zum nächsten Gotteshaus. Die drei prachtvoll geschmückten Portale der dem Heiligen Dionysius geweihten Kirche von Martebo (14. Jahrhundert) sind ein herausragendes Beispiel für die gotländische **Bildhauerkunst der Hochgotik.** Besonders beeindruckend ist die Darstellung am östlichen Kapitellband des Langhauses, die Jesus im Totenreich zeigt. Man nimmt an, dass alle Steinmetzarbeiten von der Werkstatt des Meisters *Egypticus* ausgeführt wurden. Obwohl viele Wandmalereien zerstört wurden, hat die Kirche auch im Innern einige Schmuckstücke zu bieten. Die Kanzel aus der Mitte des 16. Jahrhunderts mit gemalten Evangelistensymbolen zählt zu den ältesten in Schweden. Der Altaraufsatz von 1675 stammt von *Jacob Blåss* und erzählt die Auferstehungsgeschichte. Im Turmraum ist ein Bildstein aus dem 5. Jahrhundert aufbewahrt.

got_200 Foto: rk

Stenkyrka

Älteste Kirche im Norden Gotlands

Die Kirche von Stenkyrka ist die älteste im Norden Gotlands. Als sie erbaut wurde, war eine Kirche aus Stein noch etwas Besonderes und Unverwechselbares. Deswegen nannte man das neue Bauwerk und das umliegende Dorf fortan einfach Stenkyrka, Steinkirche. Ihr heutiges Aussehen bekam die Kirche bei umfassenden Umbauarbeiten zu Beginn des 13. Jahrhunderts. Das Triumphkruzifix aus der ersten Hälfte des 14. Jahrhunderts und das Taufbecken aus dem 12. Jahrhundert gehören zu den größten Schätzen der Kirche. Die Wandmalereien stammen aus drei unterschiedlichen Zeitperioden. Die stilisierten Reben und die Quadermalerei sind aus der ersten Hälfte des 13. Jahrhunderts. Etwa 50 Jahre jünger sind die stilisierten Gemälde im Turmboden und die Darstellung des kämpfenden Drachens über dem Westeingang. Die restlichen Bilder im Chor, Langhaus und Turmraum stammen vom Ende des 14. Jahrhunderts. Machen Sie sich im Chor auf Spurensuche, und schauen Sie, ob Sie an der Südmauer die Darstellung des Heiligen Dionysius finden, wie dieser zusammen mit seinen Mitgefangenen die Messe liest. Sie müssen aber genau hinsehen, denn allzu gut ist dieses Gemälde nicht erhalten. Auch die Gemälde im Langhaus sind teilweise in schlechtem Zustand. Im Turmraum fällt die Interpretation dann schon wieder leichter. Deutlich zu erkennen ist ein Gemälde, das Mariä Krönung zeigt. An der Südwand wird eine Seelenwägung mit dem Erzengel Michael gezeigt, die sehr an die Darstellung in der Kirche von Vamlingbo erinnert.

Essen und Schlafen

- **Stenkyrka Mejeri,** Stenkyrka, Tel. (04981) 272210, kleines Familienhotel mit 13 Betten und gutem Restaurant. Nur im Sommer geöffnet.

„Jesus im Totenreich" –
gotische Steinmetzarbeit an der Kirche von Martebo

Lickershamn

Rauk Jungfrun

Lickershamn sollte bei jeder Tour in den Norden der Insel auf dem Programm stehen. Zum einen lädt der **Strand** zu einem Bad im Meer ein, zum anderen ist der **malerische Fischerhafen** ein schönes Fotomotiv. Vor allem aber beginnt hier die **Wanderung** zum Rauk Jungfrun, den man zu Fuß in knapp einer halben Stunde erreicht. Der Spaziergang ist einfach und jedermann zu empfehlen, führt er doch an der Steilküste entlang und bietet immer wieder schöne Ausblicke. Am beeindruckendsten ist aber Jungfrun selbst. Der Rauk (Felsen) steht am Rande der Steilküste und ist mit einer Höhe von 12 Metern der größte der Insel. Gehen Sie nach Erreichen des Felsens unbedingt noch weiter, denn auf dem folgenden **Plateau** haben Sie eine wunderbare Aussicht. In diesem Buch habe ich schon viele Picknickplätze erwähnt, doch das ist einer der schönsten. Ein warmer und windstiller Sommerabend in der Nähe des Rauk Jungfrun – etwas Schöneres kann einem auf Gotland kaum passieren.

Legende

Um den Stein rankt sich eine schöne Geschichte. Einst lebte auf Gotland ein reicher Mann, der von einem Kriegszug einen Jungen, den Sohn eines mächtigen Fürsten, als Gefangenen mitbrachte. Der Knabe lebte bei der Familie, und mit der Zeit verliebte er sich in die junge und schöne Tochter des Hausherren. Diese erwiderte seine Gefühle, sehr zum Unwillen des strengen Vaters. Um zu verhindern, dass die beiden ein Paar werden, griff der Alte zu einer üblen List. Er sprach eine große Einladung aus zu einem Treffen auf der Rasenfläche vor dem Rauk. Seine Tochter ließ er vorab mit Hilfe von Leitern und Stangen auf die Spitze des unbesteigbaren Felsens bugsieren. Dann ver-

Steilküste und Strand bei Lickershamn

got_203 Foto: rk

kündete er, dass derjenige seine Tochter auf der Stelle zur Braut bekommen sollte, dem es gelänge, sie von dem Felsen herabzuholen. Natürlich hatte der alte Fiesling damit gerechnet, dass der junge Fürstensohn bei dem Versuch, zu seiner Geliebten hinaufzusteigen, abstürzen würde. Doch offenbar hatte er noch nichts davon gehört, dass Liebe Flügel verleiht. Und so stieg der Junge behände zu seiner Auserwählten hinauf, umfasste sie und stieg mit ihr in den Armen hinab. Wie man sich vorstellen kann, war der Vater davon wenig begeistert und griff nun zu Pfeil und Bogen. Mit einem gezielten Schuss traf er den Jüngling in den Kopf, der daraufhin mit seiner Liebsten im Arm ins Meer stürzte. Beide kamen ums Leben, und da so das Mädchen unberührt blieb und als Jungfrau starb, wurde auch der Felsen so benannt.

Kirchenruinen

Eine romantische Geschichte, und für romantische Herzen sind auch Kirchenruinen genau das Richtige. Davon gibt es in der Umgebung gleich zwei. Sowohl in **Elinghem** als auch in **Gann** kann man die Reste von Gotteshäusern aus dem 13. Jahrhundert besuchen. In beiden Ruinen wird im Sommer manchmal ein Gottesdienst unter freiem Himmel abgehalten, und auch Konzerte kommen ab und an zur Aufführung.

got_204 Foto: rk

Hangvar und Hall

In der Kirche von Hangvar sind das Triumphkruzifix aus dem 12. und der Taufstein aus dem 13. Jahrhundert sehenswert, in der von Hall lohnt ein Blick auf die reichhaltigen Wandmalereien. Aus der dürren Beschreibung erkennen Sie schon, dass diese beiden **Kirchen** nicht unbedingt auf Ihren Besuchsplan müssen.

Naturreservat

Naturfreunde werden sich für das Naturreservat **Hall-Hangvar** interessieren, in dem man herrliche Spaziergänge unternehmen, an einsamen Stränden vor sich hin träumen oder seltene Blumen bestaunen kann. Lohnend ist auf jeden Fall der Ausflug zum **Häftings Klint,** einem steil ins Meer abfallenden Felsen. Hier oben kann man auch noch die spärlichen Überreste einer frühzeitlichen Befestigungsanlage ausmachen, denn schon die ersten Menschen, die auf der Insel lebten, zogen sich auf die steile Klippe zurück, wenn sie sich verteidigen wollten.

Kappelshamn

Kappelshamn hat schon mal bessere Zeiten gesehen. *Carl von Linné* zeigte sich auf seiner Reise durch Gotland im Jahre 1741 beeindruckt vom geschäftigen Leben, das hier herrschte. Der Kalksteinabbau und der sichere Hafen machten Kappelshamn damals reich. Doch inzwischen ist davon nichts mehr zu spüren, in den sechziger Jahren des 20. Jahrhunderts wurden die Schule, der Einkaufsladen und das letzte Restaurant geschlossen, und seitdem gibt es hier kaum noch etwas – doch genau das macht den Reiz aus: Wer Ruhe und Meeresnähe sucht, ist hier richtig.

Rauk Jungfrun bei Lickershamn

Bro

Grab- und Steinhügel

Auf dem Weg zur Kirche von Bro passiert man einen 3½ Meter hohen Grabhügel aus der Bronzezeit, der direkt am Rande der Straße Nummer 148 steht. Nur ein paar Meter von dem großen Hügel entfernt erkennt man zwei kleinere Steinhügel, die zwar nicht besonders spektakulär sind, um die sich aber eine schöne Geschichte rankt. Als die Kirche von Bro noch eine bekannte Wallfahrtskirche war, hatte sich ein Bauer mit seinen zwei blinden Söhnen auf den Weg zu ihr gemacht. Im Schlepptau hatte er auch zwei Ochsen, die er opfern wollte, falls seine Kinder wieder sehend würden. Irgendwie scheint Gott in diesem Fall mit seiner Heilkraft etwas voreilig umgegangen zu sein, denn die beiden Söhne erlangten ihr Augenlicht, bevor sie überhaupt die Kirche erreicht hatten. Daraufhin wollte der Bauer besonders schlau sein und machte kehrt, ohne die Ochsen zu opfern. Doch umsonst gibt es keine Wunder. Folglich wurden die Ochsen auf der Stelle zu Steinhaufen verwandelt und stehen noch heute am Wegesrand und mahnen die Pilger, ehrlich zu sein.

Kirche von Bro

Die Kirche von Bro, die der besagte Bauer nie erreichte, sollten Sie unbedingt zu Ihrem Ziel machen. Sie **gehört** nämlich **zu den schönsten der Insel.** Warum dies so ist, lässt sich leicht erklären. Nicht jeder Wallfahrer war ein solcher Geizhals wie der Bauer mit den Ochsen. Oft wurde großzügig gespendet, und dieses Geld konnte dann zur Ausschmückung des Gotteshauses verwendet werden. Von dem ursprünglich romanischen Bau aus dem späten 12. Jahrhundert steht nur noch

Der Taufstein in der Kirche von Bro

der Turm. Der Chor kam erst 1236, das Langhaus um 1300 hinzu. Am Kapitellband des Südportals sind Szenen aus der Kindheit Jesu, der Auferstehungsgeschichte und dem Totenreich dargestellt. Wenn man genau hinsieht, kann man auch noch Reste der Bemalung aus dem Mittelalter erkennen. Damals waren die Portale nämlich bunt bemalt. Die Kalkmalereien über dem Triumphbogen zeigen Jesus als Weltenrichter. Ihm zur Seite gestellt sind auf der einen Seite Maria und der Apostel Johannes, auf der anderen der Apostel Bartholomäus und der Heilige Olaf (zu erkennen an der Axt). Die Gemälde im Langhaus zeigen unter anderem die Leidensgeschichte. Der Taufstein wurde Ende des 12. Jahrhunderts vom berühmten Meister *Sigrafr* geschaffen, bemalt wurde er erst im 18. Jahrhundert. Das Triumphkruzifix über dem nördlichen Seitenaltar ist aus dem 12. Jahrhundert.

got_207 Foto: rk

Tingstäde

Tingstädesee

Einige Kilometer nach Bro erreicht man Tingstäde am Tingstädeträsk, dem Tingstädesee. Ein kleiner **Strand** lädt zum Baden ein. Aber der See ist nicht nur zum Schwimmen da, er birgt auch ein Geheimnis. Auf seinem Grund ruhen die Reste einer großen **Holzfestung** mit Namen **Bulverk.** Sehen kann man sie nur dann, wenn sich im Winter durchsichtiges Eis auf die Wasseroberfläche legt. Dann kann man – etwa einen halben Kilometer vom Land entfernt – tief unter sich eine Holzfestung erahnen. Sie besteht aus einer mächtigen quadratischen Holzkonstruktion mit etwa 170 Meter Kantenlänge, die aus Pfählen gebaut wurde und von einer Palisade umgeben war. In der Mitte des Quadrats war freie Seefläche. Irgendwann einmal ragte es gut einen Meter aus dem Wasser heraus und hatte einen hölzernen Boden, der hunderte kleiner Häuser tragen konnte. Wer hat die

Festung erbaut und warum? Man weiß es nicht. Klar ist lediglich, dass hier während der Wikingerzeit und im Mittelalter Menschen lebten, und dass die Festung durch einen Brand zerstört wurde. Dieser Brand ging übrigens in den Schatz schwedischer Spruchweisheiten ein. Denn wenn jemand sehr alt wird, sagt man, dass er älter sei als das Feuer auf dem Tingstädesee.

Kirche von Tingstäde

Oberhalb des Sees liegt die Kirche von Tingstäde mit ihrem **55 Meter hohen Turm.** Der untere Teil des Turms stammt ebenso wie das Langhaus aus dem späten 12. Jahrhundert. Im 13. Jahrhundert wurden dann der Chor und die Sakristei angefügt, und auch der Turm wurde aufgestockt. Seine endgültige Höhe erhielt er aber erst im dritten Anlauf im 14. Jahrhundert. Im Vergleich zu den meisten anderen Kirchen der Insel hat die von Tingstäde nur sehr wenige Kalkmalereien zu bieten. Die beiden größten Sehenswürdigkeiten der Kirche sind das Taufbecken aus dem 12. und das Triumphkruzifix aus dem 14. Jahrhundert. Das Portal auf dem Kirchhof war früher wahrscheinlich der Zugang zum Pfarrhof.

Die Kirche von Tingstäde mit ihrem imposanten Turm

got_210 Foto: rk

Die Südostküste

Ljugarn

Ältester Touristenort Gotlands

Die Gemeinde Ljugarn an der Ostküste ist der älteste Touristenort Gotlands. Bereits um **1860** verbrachte hier Prinzessin *Eugénie,* die Tochter von König *Oskar I.,* ihre Ferien, um im gesunden Klima der Insel ihre angeschlagene Gesundheit wiederherzustellen. Dieser Urlaub hat ihr offenbar so gut gefallen, dass sie immer wieder nach Gotland kam und sich schließlich in der Nähe von Visby ein Sommerhaus errichten ließ. Auf ihren Spuren folgten vor allem Künstler, die sich von der gotländischen Natur für ihre Werke inspirieren ließen. Durch deren Lobeshymnen neugierig gemacht, kamen Ende des 19. Jahrhunderts die ersten „normalen" Touristen, schon damals zumeist aus der Hauptstadt Stockholm, von der die Insel relativ leicht zu erreichen ist.

Mit seiner **herrlichen Lage** und seinem langen, wenn auch relativ schmalen **Strand** gehört Ljugarn nach wie vor zu den führenden Touristenorten Gotlands und bietet dementsprechend viele Übernachtungsmöglichkeiten. Der nette Ort eignet sich hervorragend als Standort für Besucher, die die Ostküste zum Ausgangspunkt ihrer Ausflüge machen wollen.

Strandridaregården

Am Ortsende von Ljugarn sind im Strandridaregården einige kleine Museen untergebracht. Die **„Strandritter"** waren im 18. Jahrhundert eine wichtige Institution auf der Insel; sie hatten die Aufgabe, Zollgebühren bzw. Steuern von in Gotland anlandenden Schiffen einzutreiben. Außerdem hatten sie als einzige das Recht, Bier und Schnaps zu verkaufen. Die Bauern der Umgebung waren verpflichtet, für den jeweiligen „Strandritter" Essen und Wohnung zu stellen. Der Strandridaregården von Ljugarn wurde deswegen um 1720 von den Bauern errichtet und diente etwa 100 Jahre lang als Amts- und Wohnsitz des „Strandritters". Heute kann man hier die Wohnung eines solchen königlichen Bediensteten besichtigen, ein Zollmuseum veranschaulicht Details der damaligen Aufgaben. In der ehemaligen Braustube ist das – nach Eigenaussage – „kleinste **Geologische Museum** der Welt" untergebracht. Außerdem kann man noch ein kleines **Kunstmuseum** besichtigen. Keines dieser Museen ist ein wirkliches Muss, der Strandridaregården als Gesamtensemble aber sehr wohl. Er liegt malerisch direkt am Meer und ist der **ideale Platz für ein Picknick** in historischer Umgebung. Übernachten kann man hier übrigens auch, denn auf dem Gelände ist eine **Jugendherberge** untergebracht.

Touristinfo

Informationen zu Ljugarn:
- **Internet: www.ljugarn.com**
- **E-Mail: info@ljugarn.com**

Übernachtung

- **Frejs Magasin**
Das Haus erstrahlt in leuchtendem Gelb direkt an der Hauptstraße. Hier findet man Unterkünfte unterschiedlichster Art von einfachen Ferienwohnungen bis zu 4-Bett-Zimmern im Jugendherbergsstil. Preisbeispiele: DZ 900–950 SEK, 3-Bett-Zimmer 950–1100 SEK, 4-Bett-Herbergszimmer 700–1050 SEK, alles inklusive Frühstück und Bettwäsche. Halten Sie dem sympathischen Hotelbesitzer ruhig diesen Reiseführer unter die Nase, und richten Sie ihm schöne Grüße von mir aus – für die Nachsaison hat er den Lesern des Buches Sonderpreise versprochen.
- **Pensionat Lövängen** und **Ferienwohnungen** (Hüttenpreis ab 600–1100 SEK/Tag). Der kleine Pensionsbetrieb Lövängen bietet nur wenige Betten und ist vor allem wegen seiner schönen Caféterrasse einen Aufenthalt wert. Gleich nebenan liegt das vom gleichen Besitzer betriebene Feriendorf, das besonders Familien die ideale Unterkunftsmöglichkeit bietet. Die gemeinsame Rezeption für Frejs Magasin, die Pension Lövängen und die Ferienwohnungen liegt im Storvägen 62, direkt gegenüber dem Konsum; Tel. (0498) 493011, Fax (0498) 493030, E-Mail: info@ljugarn.com, Internet: www.ljugarn.com.
- **Ljugarns Semesterby & Camping**
Strandvagen 51, Tel. (0498) 493117, www.ljugarnssemesterby.se, Campingplatz in Strandnähe auf dem man auch Hütten mieten kann. Je nach Größe, Ausstattung und Saison zwischen 800–1400 SEK/Tag.

Jugendherberge
Storgatan 1, Tel. (0498) 493184, Fax (0498) 482424. Geöffnet vom 15.5. bis 31.8. DZ 230 SEK, Bett 115–140 SEK.

Restaurants und Kneipen

Pighuset
Die kleine urige Kneipe neben dem Pensionat Lövängen ist im Sommer einer der heißesten Tipps an der Ostküste. In dem Haus übernachteten früher übrigens die Dienstmädchen – nichts anderes als Dienstmädchenhaus bedeutet denn auch der schwedische Name der Kneipe.

Strandcafé
Tel. (0498) 493378. Das Restaurant am Strand. Unter schattigen Bäumen kann man hier im Sommer sein kühles Bier oder Wasser trinken und dabei den anderen Touristen beim Sonnen und Baden zusehen. Das Strandcafé, das nachmittags vor allem den schnellen Snack für ausgehungerte Badelustige bietet, verwandelt sich abends zu einem Restaurant von Niveau, in dem ein extra aus der schwedischen Hauptstadt Stockholm angeworbener Koch für das leibliche Wohl sorgt.

Bruna Dörren
Tel. (0498) 493289. Gemütliches Restaurant in Strandnähe, das von einem Engländer betrieben wird. Geöffnet vom 1.6. bis 31.8.

got_214 Foto: rk

Alskog

Tierpark

Nur wenige Kilometer von Ljugarn entfernt liegt in der Gemeinde Alskog der Tierpark von Gotland. Der kleine Zoo ist sicherlich kein Muss, da es dort aber auch eine kleine „Streichelabteilung" gibt, in der Kinder mit einheimischen Tieren spielen dürfen, kann der Besuch **für Familien** durchaus empfohlen werden. Inzwischen bestehen auch Pläne, den Zoo zu einer Art Umweltpark auszubauen. Was daraus wird, steht aber noch in den Sternen. Vielleicht erfährt man ja in Zukunft auch darüber etwas auf der Internetseite des Tierparks: www.gotlandsdjurpark.se.

Sehenswerte Kirche

Wie fast jede Gemeinde auf der Insel hat auch Alskog eine sehenswerte Kirche zu bieten. Hier stammt das Gotteshaus aus dem 13. Jahrhundert. Der Turm ist ein Jahrhundert jünger. Die Kanzel (1568) ist eine der ältesten auf der Insel.

Grabstätte Gålrum

Ebenfalls auf dem Gebiet der Gemeinde Alskog liegt die Grabstätte Gålrum. Hier findet man die Überreste von etwa **100 Gräbern aus der Eisenzeit,** sieben zum Teil sehr gut erhaltene Schiffssetzungen aus der Bronzezeit und einen Bildstein, der hier allerdings nicht an seinem Originalplatz steht. Die ältesten Fundstellen stammen aus der Zeit um 1500 v. Chr., die jüngsten aus dem 8. Jahrhundert n. Chr.

Garda

Alte Landkirche

Eine der größten und ältesten Landkirchen ist die von Garda. In dem Langhaus im romanischen Stil, das im 12. Jahrhundert errichtet wurde, sollten die Besucher ihr Augenmerk auf die für Gotland einmaligen Wandmalereien im russisch-byzantinischen Stil richten. Weiter sehenswert sind das Triumphkruzifix und der Taufstein, beide aus dem 12. Jahrhundert. Garda ist auf Gotland als Künstlerort bekannt, in dem viele kleine **Ateliers** zur Besichtigung und - natürlich - zum Kauf einladen. Der Ort lohnt also nicht nur wegen seiner beachtenswerten Kirche den Besuch.

got_216 Foto: rk

Lau

Größte Landkirche

Auch die Nachbargemeinde Lau wartet mit einem beachtlichen Kirchengebäude auf, nämlich dem größten Gotteshaus aller Landgemeinden. Ursprünglich sollte die Kirche sogar noch größer werden, aber aus dem geplanten Turmbau wurde nichts. Das romanische Langhaus wurde in der ersten Hälfte des 13. Jahrhunderts erbaut, der gotische Chor zu Beginn des 14. Jahrhunderts angefügt. Warum die Kirche von Lau so groß ausgefallen ist, weiß man nicht genau. Viele Menschen lebten hier jedenfalls nie, und selbst heute fänden die **300 Dorfbewohner** mehrfach im Gotteshaus Platz. Eine Theorie geht davon aus, dass die Kirche eine Zwischenstation für Pilger aus dem Osten war, die sich auf dem Weg zur Begräbniskirche von König *Olaf dem Heiligen* – dem Nidarosdom im norwegischen Trondheim – befanden. König *Olaf,* der der Legende nach das Christentum auch nach Gotland gebracht hat, war in jenen Tagen sehr populär, und dementsprechend waren auch viele Reisende zu seinem Grab unterwegs.

Altaraufsatz aus Lübeck

Wie die meisten Landkirchen Gotlands war auch die von Lau ursprünglich reich mit Kalkmalereien verziert, es sind aber nur noch wenige erhalten. Beachtenswert ist das sehr gut erhaltene Triumphkruzifix aus dem 13. Jahrhundert, das zu seiner Zeit das größte des Nordens gewesen sein soll. Der Altaraufsatz ist eine Lübecker Arbeit und stammt aus der ersten Hälfte des 15. Jahrhunderts. Ursprünglich stand er in der Kirche von När, und erst als man sich dort im Jahre 1703 „was Neues" gönnte, wurde er nach Lau verkauft. Die Marienskulptur im Altaraufsatz ist übrigens eine

Russisch-byzantinische Wandmalerei
in der Landkirche von Garda

Nachbildung aus späterer Zeit; die Originalfigur wurde irgendwann im 18. oder 19. Jahrhundert entfernt, da sie der Kirche nach damaliger Ansicht ein zu „katholisches Gepräge" verpasste. Der Taufstein aus dem 13. Jahrhundert wurde von Meister *Sigrafr* geschaffen, dessen Werke in vielen gotländischen Kirchen zu sehen sind.

När

Wenn Sie wissen wollen, ob sich die Bürger von När seinerzeit mit dem Verkauf ihres Altaraufsatzes an Lau richtig entschieden und wirklich etwas schöneres eingekauft haben, können Sie das wenige Kilometer weiter in der dortigen Ortskirche aus dem 13. Jahrhundert überprüfen. In ihr ist vor allem der Taufstein interessant, der von Meister *Hegrwaldr* geschaffen wurde und noch ein Jahrhundert älter ist als die Kirche selbst. Künstlerisch vielleicht weniger wertvoll, aber wirklich witzig anzusehen sind die **Türen der Kirchenbänke,** die zu Beginn des 18. Jahrhunderts von einem holländischen Künstler mit humorvollen Portraits geschmückt wurden. Wen die Figuren darstellen, weiß man bis heute nicht, was man aber weiß, ist, dass die Türen bereits kurz nach ihrer Fertigstellung wieder entfernt werden sollten, weil die Darstellungen dem Pfarrer nicht ernsthaft genug waren. Wenn das keine gute Werbung für den Besuch der Kirche ist, was dann?

Heidelandschaft im Naturschutzgebiet Närsholmen

got_219 Foto: rk

Närsholmen

Naturschutzgebiet

Von När aus sind es nur wenige Kilometer bis zu dem Naturschutzgebiet Närsholmen. Schon von weitem sieht man den malerischen rot-weißen Leuchtturm, der aussieht, als wäre er der Fernsehwerbung entsprungen. Die Zufahrt zum Naturschutzgebiet ist mit einem Tor versperrt. Doch damit will man nicht Sie vom Besuch, sondern die weidenden Schafe und Kühe von der „Flucht" abhalten. Also einfach das Tor öffnen, durchfahren und – ganz wichtig – wieder schließen. Die **Heidelandschaft** von Närsholmen ist das **Brutgebiet von 45 Vogelarten** und deswegen ein von Ornithologen gern besuchtes Ziel. Aber auch wenn Sie Vögel nur als Produzenten von Hintergrundmusik interessieren, lohnt sich ein Ausflug hierher, zum Spazierengehen, Picknicken oder einfach zum Träumen am Strand. Und wenn sie im Mai oder Juni kommen, dann können Sie sich zudem noch an der bunt blühenden Blumenpracht erfreuen. Auf Närsholmen hat *Andrei Tarkowski* einige Szenen seines Films „Opfer" gedreht.

Lye

Die „Kirchenfahrt" kann man dann in Lye fortsetzen. Die dortige **Kirche** stammt aus dem letzten Drittel des 12. Jahrhunderts und ist vor allem wegen ihrer **Glasmalereien** bekannt, außerdem sehenswert das Reliquiar am Westportal, das von Meister *Sigrafr* stammt, den Sie ja schon von seinen Werken aus der Kirche in Lau kennen.

Keramikstudio

In der Nähe der Kirche findet man das Keramikstudio von **Thord Karlsson.** Nähere Informationen im Internet unter www.karlssonskrukor.se.

Etelhem

Töpferwaren

Ja, in Etelhem gibt es auch eine Kirche (14. Jahrhundert, Taufstein von Meister *Hegrwald*), aber die ist sicherlich nicht der einzige Grund, hierher zu kommen. Die Gemeinde gilt als besonderer Tipp bei allen, die sich für Töpferwaren interessieren. Etelhems **Krukmakeri** ist eine der ältesten Töpfereien Schwedens. Hier kann man bei der Produktion zusehen und natürlich auch einkaufen.

Infos

- **Geöffnet** ist Etelhems Krukmakeri vom 1.6. bis 31.8. tgl. 10.00–18.00 Uhr.
- **Weitere Infos:** Tel. (0498) 494035

In einem alten Brauereigebäude aus dem späten 18. Jahrhundert ist die **Töpferwerkstatt von Herrn Larsson** untergebracht, die Frau Gemahlin stellt **Teppiche** her.

Infos

- **Öffnungszeiten:** Im Sommer und im Dezember (Weihnachtsgeschenke!) haben die beiden täglich 10.00–18.00 Uhr geöffnet.
- **Weitere Infos:** Tel. (0498) 494145

Lilla Dockskåpet

Wer Puppenhäuser mag, für den ist das Lilla Dockskåpet ein absolutes Muss. Hier kann man nämlich **Einrichtungsgegenstände für** sein **Puppenhaus** kaufen.

Infos

- **Öffnungszeiten:** Die Galerie ist jeden Samstag 10.00–14.00 Uhr geöffnet, im Sommer auch von Montag bis Freitag 10.00–17.00 Uhr.
- **Weitere Infos:** Tel. (0498) 494147

Stånga

Sehenswerte Kirche

Unbedingt aufs Besuchsprogramm gehört die Kirche von Stånga, im 13. Jahrhundert erbaut und schon ein Jahrhundert später erweitert. Auch in Stånga war der damals in Gotland führende Baumeister *Egypticus* am Werk, und entsprechend beeindruckend sieht die Kirche auch aus. Besonders sehenswert sind das Südportal und die in seiner Nähe in die Mauer eingelassenen Skulpturen. Sie waren wohl ursprünglich für eine andere Kirche bestimmt und sind nachträglich eingesetzt worden. Interessant auch der „Stab", der an der Eingangstür herabbaumelt. Das ist nämlich kein gewöhnlicher Stab, sondern das **Muster einer gotländischen Elle,** eines mittelalterlichen Längenmaßes, das genau 55,5 Zentimeter misst. Dieser Stab (heute eine Kopie) hängt seit alters hier, damit man bei eventuellen Streitigkeiten immer das richtige Vergleichsmaß zur Hand hatte.

Im Kircheninnern sollten Sie besonders das **Taufbecken** beachten, das bereits in der Vorgängerkirche stand und 100 Jahre älter ist als die Kirche selbst. Geschaffen wurde es von Meister *Hegrwaldr.* Die vier Köpfe von Fabelwesen im unteren Teil des Taufsteins symbolisieren das Böse, das selbst in unmittelbarer Nähe des Taufwassers noch die Seele des Menschen auffressen will. Von Beginn an hing das große Triumphkruzifix aus Eichenholz in der Kirche. Wobei das Wort „Hängen" nicht das richtige ist, denn im Gegensatz zu den Kruzifixen in den anderen Kirchen Gotlands war dieses zunächst auf dem Erdboden aufgestellt.

Golf

Wer sich nach den vielen Kirchenbesichtigungen eher sportlich betätigen möchte, kann in Stånga – wie auch im benachbarten När – Golf spielen. Golf ist in Schweden Volkssport, deswegen kann sich hier auch „Otto Normalverbraucher" eine Runde auf dem **18-Loch-Platz** leisten.

Stångaspiele

Sportlich geht es auch bei den Stångaspielen zu, die regelmäßig jeden Sommer stattfinden. Am **zweiten Wochenende im Juli** werden dann Wettkämpfe in urschwedischen bzw. gotländischen Sportarten wie Varpa, Stångstörtning und Pärkspel durchgeführt. **Varpa** ist – sehr vereinfacht erklärt – ein Präzisionswurfspiel, das ein wenig dem Boule ähnelt, aber mit Wurfscheiben und nicht mit Bällen gespielt wird. **Stångstörtning** ist der Sport für die starken Männer, denn dabei geht es darum, einen Baumstamm von der Größe eines Telefonmasten aufzuheben und ihn so durch die Luft zu schleudern, dass er sich einmal um die eigene Achse dreht und dabei gleichzeitig möglichst weit fliegt. Da diese sonderbare Sportart außer auf Gotland nur noch im schottischen Hochland betrieben wird, sind regelmäßig auch schottische Wettkämpfer zu Gast. Das **Pärkspel** ist ein Mannschaftssport, dessen komplizierte Regeln ich Ihnen erspare. Stattdessen der dringende Rat, keinesfalls die Stångaspiele zu versäumen, wenn Sie während der Wettkämpfe in Gotland sind – dann erleben Sie Schweden pur!

Essen und Schlafen

- **Gumbalde Golfclub**
Tel. (0498) 482880, Fax (0498) 482884, www.gumbalde-gk.se. Restaurant und Hotel. DZ ca. 590–790 SEK, Sonderpreis in der Nebensaison. Auch Bed & Breakfast möglich.

Varpa-Wettkampf

Burs

Die **Kirche** von Burs wurde Anfang des 13. Jahrhunderts im romanischen Stil erbaut. 100 Jahre später riss man den Chor ab und ersetzte ihn durch einen größeren. Wie bei vielen Kirchenbauten hatten auch hier die Bauleute aus der berühmten Egypticus-Werkstatt ihre Hand mit im Spiel. Da es zu keinem weiteren Ausbau mehr kam, wirkt der Chor im Verhältnis zum Langhaus überdimensioniert. Eine Besonderheit ist die Kalksteinbank rechter Hand am Chor. Sie stammt ebenfalls aus der Werkstatt des *Egypticus*. In der vorderen Armlehne sind die Verkündigung der frohen Botschaft an Maria durch den Erzengel Gabriel und das Treffen von Maria und Elisabeth, auf der hinteren Lehne die Geburt Jesu dargestellt.

got_223 Foto: rk

Ronehamn

Naturschutzgebiet von Ålarve

In Ronehamn lohnt eine kurze Fahrtunterbrechung, um einen Spaziergang im Naturschutzgebiet von Ålarve zu machen. Am Ende eines etwa einen Kilometer langen Weges erreicht man einen kleinen Picknickplatz am Meer.

Rone

Uggarde Rojr

Der größte von den etwa 400 **Grabhügeln** in Gotland ist Uggarde Rojr bei Rone. Das wissenschaftlich noch nicht erforschte Grab hat einen Durchmesser von 45 Metern, ist 7 Meter hoch und besteht aus schätzungsweise 15.000 Tonnen Gestein. Uggarde Rojr dominiert die offene Heidelandschaft und ist von sieben weiteren Grabhaufen umgeben. Damit sie gut sichtbar waren, wurden die Grabhügel in der Bronzezeit entweder auf einem Hügel oder an der Küste errichtet. Das trifft auch auf Uggarde Rojr zu, obwohl dies auf den ersten Blick nicht sofort erkennbar ist. Die Küstenlinie hat sich nämlich seit der Bronzezeit verändert, und der Grabhügel liegt nun einige Kilometer landeinwärts.

Kirche

Die Kirche in der Ortschaft Rone ist wegen der Kalkmalereien mit dem Passionsfries besuchenswert. Das Langhaus wurden in mehreren Phasen zwischen 1265 und 1345 errichtet, im jenem Jahr kam auch der Turm hinzu, wegen seiner imposanten Höhe von 65 Metern „Langer Jakob" genannt. Die Höhe kam nicht etwa wegen des „Größenwahns" der Dorfbewohner zustande, sondern hatte einen ganz profanen Zweck, der Turm sollte nämlich den Seefahrern als Markierung dienen. Im Turm hängt übrigens die **älteste Glocke der Insel.** Einzigartig ist der im Südfenster des Kirchenchors „eingemauerte Kopf" (vgl. Bild am Kapitelanfang), der einen Mönch darstellt; an der Stelle, auf die er blickt, soll angeblich ein großer Schatz eingemauert sein, aber beginnen sie nicht gleich mit Hammer und Meißel zu arbeiten, es könnte Probleme mit dem örtlichen Pfarrer geben. Die Kalkmalereien an der Nordseite stellen die Leidensgeschichte Christi dar, auf der Südseite ist unter anderem die Heilige Apollonia zu sehen, die mit verbundenen Händen dasteht, während ihre Häscher ihr die Zähne mit einer Zange herausreißen.

Hemse

Hemse ist zwar ein wichtiges Wirtschaftszentrum mit einer guten Infrastruktur (Banken, Lebensmittelgeschäfte, Supermärkte). Ein schöner Ort ist es aber nicht, und allenfalls die Dorfkirche aus dem 12. Jahrhundert mit Kalkmalereien aus dem 13. und 15. Jahrhundert lohnt einen kurzen Besuch.

Alva

Ebenfalls aus dem 12. Jahrhundert ist die Kirche im benachbarten Alva. Beachtenswert sind hier der Altaraufsatz und das große Triumphkruzifix aus dem 13. Jahrhundert.

got_226 Foto: rk

Die Nordostküste

Folhammar

Raukgebiet Nur 2 Kilometer nördlich von Ljugarn liegt das schöne Raukgebiet Folhammar. Obwohl es zu den kleineren der Insel gehört – auf Fårö beispielsweise reihen sich die Raukar auf mehreren Kilometern Länge aneinander –, lohnt ein Abstecher hierher durchaus. Denn in Folhammar hat sich die Natur besondere Mühe mit dem „Ausmeißeln" der Skulpturen gegeben. Inmitten der Felsen liegt ein offizieller Grillplatz, an dem man an einem lauen Sommerabend herrlich seine Würste oder frisch gefangenen Fisch brutzeln kann. Auf dem Weg zu den Raukar passiert man die alten **Fischerhütten von Vitvärs,** die einen kurzen Stopp lohnen. Die ältesten Gebäude, die aus Stein gebaut sind, datieren bis ins 18. Jahrhundert zurück. Die Holzhütten wurden erst in den folgenden Jahrhunderten errichtet.

got_228 Foto: rk

Ardre und Gunnfjaun

Folgt man der Straße Richtung Ardre, erreicht man bald die Abzweigung nach Alsarve. Nur wenige Meter hinter der Kreuzung liegt die Kirchenruine von Gunnfjaun (in einigen Karten auch als Kirchenruine von Ardre ausgezeichnet). Die große Kapelle wurde im 14. Jahrhundert errichtet und nach dem Enkel *Tjelvars* benannt. **Tjelvar** wiederum war nach der Gota-Sage derjenige, der als erster Mensch auf die Insel kam und somit Urvater aller Gotländer ist. Ein kunsthistorisches Highlight ist die kleine Ruine sicher nicht, aber einen kleinen Umweg lohnt sie allemal. Zumal man ganz in der Nähe die Ortskirche von Ardre besichtigen kann, die im 13. Jahrhundert errichtet wurde. Der Taufstein und das Triumphkruzifix stammen aus dem 13. Jahrhundert, während die Glasmalereien erst ein Jahrhundert später hinzukamen.

Unweit der Kirche kann man am Straßenrand die **Nachbildung eines „Bildsteins"** (siehe im Kapitel „Geschichte") aus dem 8. oder 9. Jahrhundert sehen, dessen Original bei der Restaurierung der Kirche unter dem Fußboden entdeckt wurde. Der **Bauernhof Bringsarve Gård** in Ardre war der Wohnort des bekannten gotländischen Künstlers *David Ahlqvist* (1900–1988), der als Maler und Essayist bekannt wurde.

Ala

Kirche

Alas Kirche aus dem 12. Jahrhundert wirkt für gotländische Verhältnisse von außen ungewöhnlich, weil sie keinen deutlich abgesetzten Chor hat. 1938 wurde der gesamte Innenraum bei einem Brand zerstört, daher sind kaum noch originale Einrichtungsgegenstände erhalten. Das Feuer hatte aber auch sein Gutes, denn durch die enorme Hitze wurden die bis dahin übermalten **Wandmalereien** freigelegt. Sie wurden konserviert und stellen heute das Prunkstück des Gotteshauses dar.

Konstnärsgården

Unmittelbar neben der Kirche liegt der Konstnärsgården. In dem alten Haus vom Ende des 19. Jahrhunderts befinden sich heute eine **Galerie** und ein **Restaurant** (Hauptgerichte ab 180 SEK, Mittagstisch ab 80 SEK). In sehr schöner Atmosphäre kann man hier sowohl seine ästhetischen als auch leiblichen Bedürfnisse befriedigen. Und wenn im Sommer schönes Wetter ist, lädt ein kleiner Vorgarten zum Verweilen in der Sonne ein.

Restaurant

● Wie viele Restaurants auf dem Lande ist auch der **Konstnärsgården** nur im Sommer geöffnet: Ende Juni bis Anfang August tgl. 12.00–21.00 Uhr. Weitere Infos: Tel. (0498) 55055, E-Mail: konstnarsgarden@swipnet.de, Internet: www.konstnarsgarden.se.

got_230 Foto: rk

Von Ardre nach Katthammarsvik

An der Straße Richtung Katthammarsvik zweigt gut 10 Kilometer nach Ardre rechter Hand eine Straße nach **Sysne** ab. Auf ihr kommt man zu einem kleinen **Hafen.** Über eine ungeteerte Piste geht es von dort aus weiter zum **Landschaftsschutzgebiet Kuppen.** Die Straße macht zwar nicht immer einen Vertrauen erweckenden Eindruck, ist aber mit einem normalen Pkw problemlos befahrbar. Lassen Sie sich nicht abschrecken, denn mit jedem Kilometer, den Sie zurücklegen, wird die Landschaft schöner. An der Infotafel am Naturschutzgebiet lässt man dann am besten seinen Wagen stehen und setzt seine Entdeckungsreise zu Fuß fort. Der Weg führt herrlich an der Steilküste entlang, und man weiß gar nicht, wo man seine Augen zuerst hinwenden soll – hinüber zu der kleinen **Insel Östergarnsholm** mit ihren zwei Leuchttürmen, die steilen Klippen hinab ins strahlend blaue Meer oder zurück über die flache Küstenlandschaft.

Grogarnsberget

Wieder im Auto erreicht man bald den winzigen **Fischerort Herrvik** und folgt dort dem Hinweisschild Richtung Grogarnsberget. Hier sind die Klippen noch schroffer, das Meer noch blauer, und vor allem die Aussicht über die Landschaft ist unbeschreiblich. Grogarnsberget ist bei gutem Wetter sicher einer der schönsten Orte der Insel und lohnt die etwas beschwerliche Anfahrt über zum Teil unbefestigte Pisten.

Kattham-marsvik Der Fischerort Katthammarsvik verlockt wegen seines gemütlichen kleinen Hafens zum Besuch. Vom 17. bis zum Anfang des 20. Jahrhunderts wurde hier **Kalkstein** abgebaut. Die Besitzer eines solchen Steinbruches waren früher die reichsten Männer der Insel, deswegen findet man in Katthammarsvik auch einige edle Gehöfte dieser „Kalkfürsten". In einem dieser alten Herrschaftshöfe, dem „Kalkpatrongården Borgvik", ist heute ein kleine Pension untergebracht.

Östergarn

Öster-garns-berget An der Abbiegung zur Kirche von Östergarn lohnt ein kurzer Stopp am **Naturreservat** Östergarnsberget. Der kurze Aufstieg beschert einen schönen Ausblick, der aber einem Vergleich mit dem Blick vom Grogarnsberget keinesfalls standhält.

Kirche Die Kirche von Östergarn gehört sicher zu den weniger sehenswerten auf der Insel. Wie die meisten ihrer „Schwestern" im 13. Jahrhundert errichtet, wurde sie seitdem mehrfach zerstört. 1565 brannte sie fast vollständig nieder, 1715 wurde sie von russischen Truppen geplündert.

Gedenk-stein Für deutsche Besucher interessant ist ein großer Gedenkstein auf dem Friedhof, der an die Seeleute erinnert, die im Ersten Weltkrieg beim **Untergang der „MS Albatros"** vor Herrvik ums Leben kamen.

Die Kirche von Gammelgarn gehört zu den jüngsten der Insel

got_233 Foto: rk

Gammelgarn

Schöne Kirche

Sehr schön ist die Kirche von Gammelgarn. Sie wurde im frühen 14. Jahrhundert errichtet und gehört damit zu den jüngsten der Insel, denn mit dem Überfall des Dänenkönigs *Valdemar Atterdag* im Jahre 1361 endete ja von einem Tag auf den anderen der Kirchenbau auf Gotland (siehe dazu im Kapitel „Geschichte"). Besonders beachtenswert ist das reich geschmückte Südportal, auf dem Szenen aus der Schöpfungsgeschichte dargestellt sind, so u.a. der Sündenfall, die Vertreibung aus dem Paradies und *Eva* mit ihren Söhnen *Kain* und *Abel*. Das Portal stammt aus der Werkstatt des damals berühmtesten und besten Steinmetzes der Insel, *Egypticus*. Der Innenraum mit seinem hohen Gewölbe gilt als ein prachtvolles **Beispiel hochgotischer Baukunst.** Die Kalkmalereien stammen aus dem 15. Jahrhundert, sind aber erst seit einigen Jahren wieder zu sehen; bis zur großen Kirchenrenovierung im Jahr 2000 waren sie weiß übertüncht. Weiterhin sehenswert im Kircheninnern sind der Flügelaltar vom Ende des 14. Jahrhunderts und das Taufbecken. Während das Becken ebenfalls aus dem 14. Jahrhundert stammt, ist dessen Fuß mit den „Kopfskulpturen" ein Jahrhundert älter. Neben der Kirche erheben sich die gut erhaltenen **Überreste eines Verteidigungsturms** aus dem 12. Jahrhundert.

Torsburg

Fluchtburg

Nur wenige Kilometer von Gammelgarn entfernt liegt die Torsburg, die größte **Verteidigungsanlage** des Nordens aus dem ersten Jahrtausend. Die ältesten Teile stammen aus dem 4. Jahrhundert n.Chr. Damals schichtete man am Rande eines Tafelberges mit steil abfallenden Klippen eine mehr als 2 Kilometer lange und bis zu 7 Meter hohe Mauer auf. An den steilsten Stellen verzichtete man auf eine Mauer. Offenbar war man sich sicher, dass den dort von der Natur geschaffenen Wall kein Feind würde besteigen können. Das Gebiet, das von der Mauer bzw. den Klippen geschützt wird, ist doppelt so groß wie die Innenstadt der Inselhauptstadt Visby. Laut Gota-Sage haben sich in der Torsburg diejenigen Einwohner Gotlands verschanzt, die im 6. Jahrhundert zur Auswanderung gezwungen werden sollten. Damals war die Insel angeblich übervölkert, und jeder dritte Bewohner musste Gotland verlassen (siehe dazu im Kapitel „Geschichte"). Mit historischen Fakten hat diese Geschichte jedoch vermutlich nichts zu tun, vielmehr scheint die Torsburg eine Art Fluchtburg gewesen zu sein, in die sich die Inselbewohner bei Gefahr zurückzogen. Allerdings weiß man bis heute nur wenig über die Befestigungsanlage. Neuere Forschungen haben zwei niedergebrannte Mauerabschnitte zu Tage gefördert, woraus man schließt, dass die Burg zweimal von Feinden attackiert worden ist. Ob Sie sich dieser Spekulation anschließen wollen, bleibt Ihnen überlassen. Gesichert aber ist, dass 1741 der große Botaniker *Carl von Linné* (siehe entsprechenden Exkurs) auf seiner Gotland-Reise hierher kam und in höchsten Tönen der Begeisterung von den seltenen Pflanzen schwärmte, die an den steilen Hängen der Burg wuchsen. Außerdem notierte er in sein Tagebuch, dass man von der Torsburg aus 30 Kirchturmspitzen sehen könne. Ob dies wirklich so ist, können Sie selbst überprüfen, wenn Sie sich zu einer knapp 6 Kilometer langen **Wanderung** am Wall der Torsburg entlang aufmachen. Auch wenn Sie dabei nicht die von *Linné* versprochene Zahl an Turmspitzen erblicken sollten, kann ich Ihnen zumindest versprechen, dass Sie immer wieder herrliche Ausblicke genießen werden. Am Parkplatz sollten Sie dann noch einen kurzen Blick auf den **Königsstein** werfen, der an den Besuch des schwedischen Kronprinzenpaares *Gustav Adolf* (König ab 1950) und *Louise* im Jahr 1927 erinnert. Es führen vom Parkplatz zwei Wege zur Torsburg, wobei der mit „Ardre Luké" beschilderte der einfachere und kürzere ist.

Anga und Norrlanda

Kirchen

Über Kräklingbo (Kirche aus dem 12. Jahrhundert, interessante Wandmalereien) erreicht man Anga und Norrlanda. In den Kirchen der beiden Orte sind nahezu identische Wandmalereien zu sehen. Man nimmt an, dass sie von so genannten **Schablonenmalern** stammen. Sie zogen im Mittelalter von Ort zu Ort und hatten Malvorlagen dabei. Die Leute konnten dann einfach auswählen, nach welcher Vorlage die Kirche bemalt werden sollte. Künstlerisch sind diese Gemälde natürlich von minderer Qualität, kirchenhistorisch aber sehr interessant. Mit Hilfe der Schablonenmalerei sollte nämlich der leseunkundigen Bevölkerung die Bibel näher gebracht werden.

Norrlanda Fornstuga

Etwas nördlich von Norrlanda, in der Nähe von Burs, kommt man zum **Freilichtmuseum** Norrlanda Fornstuga. In dem kleinen Museum wandert man durch ein **Bauerngehöft aus dem 18. Jahrhundert.** Norrlanda Fornstuga verdankt seine Existenz übrigens dem bekannten gotländischen Lyriker *Gutsaf Larsson,* der 1924 das erste Gebäude hierher bringen ließ.

Trullhalsar

In Meeresnähe kann man in Trullhalsar ein **Grabfeld aus der Vendelzeit** (550–800 n. Chr.) besuchen. Man findet dort 350 Grabstätten unterschiedlichster Art. Als die Bestattungen durchgeführt wurden, lag Trullhalsar übrigens – ganz typisch für die Grabstätten der damaligen Zeit – direkt am Meer. Vielleicht wollte man die dem Meer verbundenen Menschen so begraben, dass sie gleich ins Jenseits hinübersegeln konnten.

Gothem

Schöne Kirche

Sehr schön ist die große Kirche von Gothem. Sie wurde im frühen 13. Jahrhundert errichtet. Ende desselben Jahrhunderts wurde dann der Turm hinzugefügt. Seine heutige Höhe von 47 Metern erreichte er aber erst Ende des 14. Jahrhunderts unter der Federführung von Meister *Egypticus* und dessen Werkstatt. Die Kalkmalereien im Innenraum entstanden um 1300 und wurden erst bei der letzten Renovierung im Jahr 1950 freigelegt. Sie stammen vermutlich von einem deutschen Künstler und zeigen die Kindheit und die Leidensgeschichte Christi. Motive dieser Art findet man in vielen Kirchen. Einzigartig sind jedoch die **„Mo-**

natsbilder", die die Arbeit eines Bauern im Jahresverlauf veranschaulichen. Besonders sehenswert ist das Chorgestühl aus dem 14. Jahrhundert. Die Kirchenbänke wurden erst im 17. Jahrhundert in die Kirche eingebaut, die sehr schöne und – mit den Augen unserer Zeit betrachtet – manchmal unfreiwillig witzige Bemalung der Türen stammt von *Anders Norberg* (um 1780).

Glocke

Nicht sehen, aber vielleicht hören können Sie die 1177 Kilogramm schwere Glocke. Sie wurde 1374 gegossen und gilt unter Experten als **klangschönste Kirchenglocke Europas aus dem Mittelalter.**

Die Kirche wird von einer mächtigen Mauer umgeben, in der Nachbarschaft stehen die **Ruinen eines Verteidigungsturms** vom Ende des 12. Jahrhunderts. Er ist 1867 eingestürzt.

Übernachtung

- **Gothem Feriendorf und Jugendherberge**
Tel. (0498) 34134, Fax (0498) 34137.

got_172 Foto: rk

got_237 Foto: rk

Åminne

Schöner Strand

In Åminne liegt einer der schönsten Strände der Insel. Wenn Sie hier länger bleiben wollen, stellen Sie auf dem Campingplatz Åminne Fritid doch einfach Ihr Zelt auf, oder mieten Sie sich eine Ferienhütte.

Übernachtung

- **Campingplatz Åminne Fritid**
Tel. (0498) 34011, Fax (0498) 34323. Preisbeispiele: 4-Bett-Hütten je nach Saison 2500–4500 SEK/Woche, 5-/6-Bett-Hütten 2900–5900 SEK/Woche, 8-Bett-Hütten 4850–9950 SEK/Woche, Zelt 90–130 SEK/Tag, Wohnwagen 140–190 SEK/Tag. E-Mail: info@aminnefritid.se, Internet: www.aminnefritid.se

Tjelvars Grav

Nur wenige hundert Meter nördlich von Åminne führt ein 1½ Kilometer langer Fahrweg zur Schiffssetzung Tjelvars Grav. Hier soll der Gota-Sage zu-

Auf dem Gelände des Campingplatzes Åminne Fritid

DieSchiffssetzung Tjelvars Grav

got_238 Foto: rk

folge der **erste Gotländer begraben** liegen (siehe bei „Ardre und Gunnfjaun"). Zwar fand man bei der Freilegung der Begräbnisstätte im Jahre 1938 eine bereits geplünderte Kiste, die verbrannte Knochen und einige Scherben enthielt, *Tjelvar* war der Tote aber nicht. Die Schiffssetzung ist 18 Meter lang und bis zu 5 Meter breit.

Slite

An den Raukarfelsen von Klinteklinten vorbei und **über Boge** (schmucklose Kirche, deren Langhaus bei einem Sturm 1857 schwer beschädigt worden ist) erreicht man schließlich Slite.

Zementwerk

Slite ist die **zweitgrößte Gemeinde auf Gotland,** sie war schon zur Wikingerzeit ein wichtiger Hafen. Das Zementwerk gehört zu den größten Arbeitgebern der Insel, doch auch der Tourismus spielt hier eine wichtige Rolle. Das Werk der Cementa Ab kann übrigens besichtigt werden, im

Sommer finden jeden Montag und Freitag um 13 Uhr **Führungen** statt. Ausgangspunkt ist das Büro des Zementwerks in der Skolgatan 6. Von einer Aussichtsplattform am Solklintsvägen kann man einen Blick in die Abbaugrube werfen. Besonders spektakulär ist dies, wenn gerade Sprengungen vorgenommen werden. Die Termine dafür werden an der Anschlagstafel an der Aussichtsplattform bekannt gegeben.

Große Sehenswürdigkeiten hat Slite nicht zu bieten. Aber ein Spaziergang am **Hafen** entlang

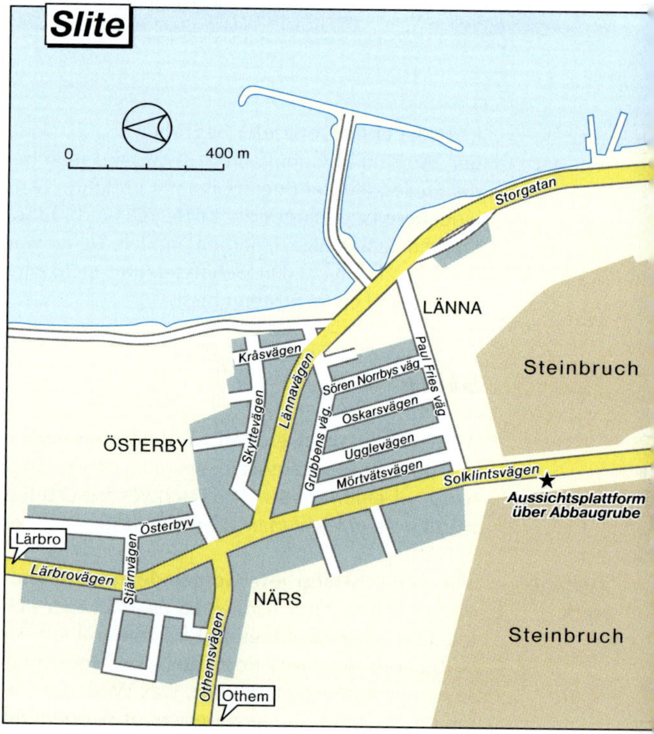

eröffnet schöne Ausblicke auf das Meer und die vor Slite gelegenen Inseln. Die **Ortskirche** wurde **1960** nach Plänen des dänischen Architekten *Holger Jensen* erbaut und ist weniger wegen ihrer architektonischen Ausgestaltung interessant, sondern weil sie das erste Gotteshaus war, das seit dem 14. Jahrhundert auf Gotland errichtet wurde. Nachdem im Mittelalter innerhalb kürzester Zeit mehr als hundert Kirchen erbaut worden waren, ruhte dann für einen Zeitraum von 600 Jahren jede Kirchenbautätigkeit.

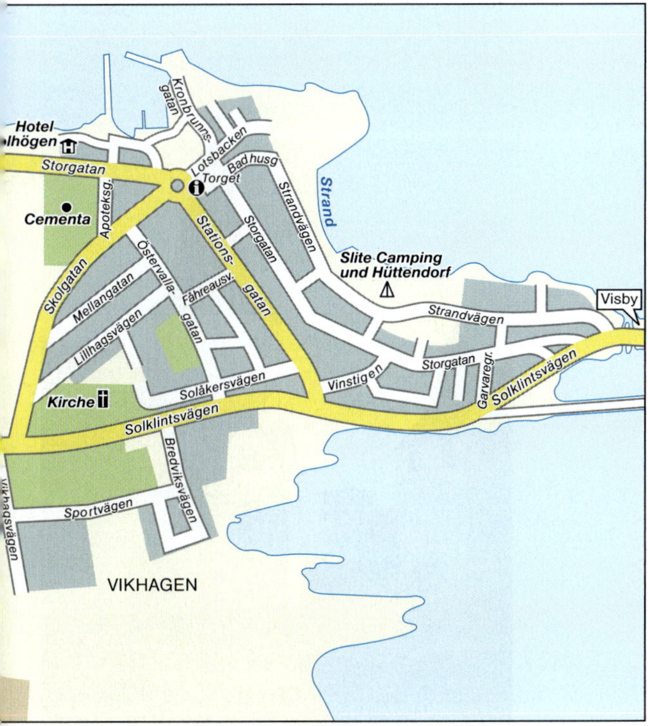

Übernachtung

● **Slite Camping und Hüttendorf**
Storgatan 114, Strandvägen, 62030 Slite, Tel. (0498) 220830, Fax (0498) 220811. 4-Bett-Hütten je nach Saison 2800–3800 SEK/ Woche, 18-Loch-Golfplatz in unmittelbarer Nähe.

● **Hotell Kolhögen**
Tel. (0498) 291775, Fax (0498) 222455, Internet: www.kolhogen.se. Businesshotel in der Nähe des Zementwerkes, das sicherlich nicht als Urlaubsdomizil geeignet ist; für eine Übernachtung im Rahmen einer Inselrundfahrt kann man hier aber ohne Bedenken einchecken. DZ um 930 SEK.

got_242 Foto: rk

Lärbro

Achteckiger Kirchturm

Über Othem (Kirche mit interessanten Wandmalereien aus dem 13., 14. und 15. Jahrhundert) erreicht man Lärbro. Neben Slite ist dies der wichtigste Ort im Norden der Insel. Die Kirche ist wegen ihres achteckigen Turms einzigartig auf Gotland. Der wurde im 14. Jahrhundert von Meister *Egypticus* und seinen Bauleuten errichtet. Ein Jahrhundert älter sind das Langhaus und der Chor. Sehenswert sind vor allem die Portale. Im Innern sind Reste von Wandmalereien aus dem 13. Jahrhundert zu sehen. Der Altarschrein entstand um das Jahr 1400, die Kanzel ist von 1718. Direkt neben der Kirche steht ein Wehrturm aus dem 12. Jahrhundert.

Gotlands größtes Fitnesscenter

In der Nähe der Kirche finden Sie die **Jugendherberge Grannen** mit dem **Gesundheitszentrum Helheten** – der Name „Ganzheitlichkeit" verrät schon, dass man hier mehr kann als nur übernachten. Hier findet man Gotlands größtes Fitnesscenter. Wer also im Urlaub etwas zu viel rumgesessen hat, kann hier etwas gegen seine Pfunde tun.

Übernachtung

● **Jugendherberge Grannen**
Kappelshamnsvägen 10, 62034 Lärbro, Tel. (0498) 225033, von November bis Mai Tel. (0498) 491220, Internet: www.grannen.se. Fußball- und Tennisplatz, Kraftraum, Restaurant. Bettpreis für Reisende: 240 SEK, bis 25 Jahre: 110 SEK, mit Jugendherbergsausweis 50 SEK günstiger.

Die Kirche von Lärbro mit ihrem achteckigen Turm

got_244 Foto: rk

Der äußerste Norden, Fårö und Gotska Sandö

St. Olofsholm

Besonders schön ist die Halbinsel im äußersten Norden Gotlands. Nur wenige Kilometer von Lärbro entfernt, vorbei an den **Schiffssetzungen von Domarlunden** und der **Kirche von Hellvi,** erreicht man St. Olofsholm. Hier soll der Gota-Sage zufolge im Jahr 1029 der norwegische König *Olaf Haraldsson* (später *Olaf der Heilige* oder auch *Olaf der Dicke*) an Land gestiegen sein und den Gotländern das Christentum gebracht haben. Zur Erinnerung daran wurde damals eine Kirche errichtet, deren Reste angeblich in das Lagerhaus, das man auf St. Olofsholm sehen kann, eingebaut sind. Ob die Geschichte vom Heiligen Olaf der Wahrheit entspricht, ist eher zweifelhaft, sicher weiß man jedoch, dass hier im 17. Jahrhundert Kalk abgebaut und exportiert wurde.

Naturreservat

Heute ist St. Olofsholm ein Naturreservat, das sich hervorragend für kurze Spaziergänge oder gemütliche Picknicks mit Blick übers Meer eignet. An der Nordostseite des Reservats liegt ein **Raukgebiet** mit 15 Felsen, von hier aus hat man auch einen schönen Blick auf die 500 Meter vor der Küste liegende **Insel Ytterholmen.**

Malms Kyllaj

Naturschutzgebiet

Nur wenige Kilometer entfernt befindet sich ein weiteres Naturschutzgebiet. In Malms Kyllaj stehen am Osthang eines Hügels **50 Raukar.** Hier kann man wieder einmal deutlich sehen, wie sich die Küstenlinie im Laufe der Zeit verändert hat, denn einst standen die mächtigen Felsen direkt am Meer. Auch in Malms Kyllaj wurde früher Kalk abgebaut, und da dies ein großes Geschäft war, waren die Firmenbetreiber, die so genannten Kalkbarone, auch die reichsten Männer auf der Insel. Daran erinnert noch heute der **Strandridarcgården,** der im 18. Jahrhundert der Wohnsitz eines der Kalkbarone war. Heute ist das Haus ein **Museum,** das im Sommer besichtigt werden kann (Eintritt 30 SEK). Auch ein kleines Museumscafé gibt es hier.

See Fardumeträsk

Viele Vögel

Knapp 5 Kilometer weiter erreicht man **über Valleviken** (ein kleiner Feldweg führt zu einem Aussichtspunkt und einer Infotafel) den See Fardumeträsk. Er ist zum größten Teil mit Schilf zugewachsen und bietet deswegen Brutstätten für viele Vögel. In **Lergrav** gibt es eine Räucherei, in der man sich mit fangfrischem Fisch versorgen kann. Oder aber man steigt nebenan den Hügel hinauf und spaziert durch ein **Raukgebiet,** in dem 60 der bizarr geformten Felsen stehen. Von der Anhöhe hat man einen schönen Blick hinab aufs Meer. Nur wenige Kilometer weiter kommt man zur **Insel Fu-**

got_247 Foto: rk

rillen (oft auch Furilden geschrieben). Früher wurde hier Kalk abgebaut, heute ist das Kleinod der ideale Platz für Fahrradtouren und einsame Wanderungen am Strand.

Groddagården

Auf der anderen Seite der Halbinsel lohnt in der **Gemeinde Fleringe** der Groddagården einen Besuch. Ende des 18. Jahrhunderts eröffnete hier ein Bauer ein **Wirtshaus,** das bald zu einem Treffpunkt für den ganzen Norden der Insel wurde. „Schuld" daran war aber nicht nur die gute Verköstigung, sondern die Musikalität des Bauern und seiner Söhne. Regelmäßig wurde hier zum Tanz aufgespielt und das oft nach eigenen Weisen, denn die drei Bauern konnten nicht nur Fidel spielen, sondern waren auch tüchtige Komponisten. Heute kann Groddagården im Sommer besichtigt werden; noch immer kommt hier **traditionelle gotländische Volksmusik** zur Aufführung.

Bläse

Kalkabbau

Der Kalkabbau war in Gotland über lange Jahre der wichtigste Industriezweig. Wer sich dafür interessiert, auf welche Weise dieses Gestein abgebaut und verarbeitet wurde, dem sei ein Besuch in Bläse empfohlen. Die alte Kalkfabrik, in der noch bis 1945 gearbeitet wurde, ist heute als **Museum** zugänglich.

Infos

- Von Mai bis Ende August (Mo bis Fr 10.00–17.00 Uhr, Sa, So 12.00–17.00 Uhr, Eintritt 40 SEK, Zugfahrt 10 SEK) kann man an **Führungen** über das Fabrikgelände teilnehmen oder sich zweimal täglich (Zugabfahrtszeiten: 12.30 und 15.00 Uhr) auf einer **Museumseisenbahn** über das Betriebsgelände fahren lassen.
- Weitere Infos **im Internet** unter: www.gotlandnet.blasekalkbruksmuseum.se

Bunge

Wehrkirche

Bunge ist sozusagen das **Einfallstor nach Fårö sund.** Noch heute erinnern die hohen Friedhofsmauern und die vier mittelalterlichen Portale daran, dass man es in Bunge mit einer Wehrkirche zu tun hat, in die sich die Bauern bei Gefahr zurückzogen. Wenn Sie die schwere hölzerne Eingangstür genau ansehen, können Sie sogar noch Einschusslöcher von Armbrustpfeilen entdecken. Die Kirche wurde Anfang des 14. Jahrhunderts im Stil der Hochgotik errichtet und ist besonders wegen des reich geschmückten Südportals besuchenswert, das – für die damalige Zeit typisch – die Auferstehung Christi zum Motiv hat. Im Innern sind besonders die **Wandmalereien** aus dem späten 14. Jahrhundert sehenswert, die sich durch ihren eigenen Stil von denen in den übrigen Inselkirchen deutlich unterscheiden. Sie sind von einem damals in Böhmen üblichen Malstil inspiriert, und man nimmt deswegen an, dass der Künstler von dort stammte oder dort gearbeitet hat. Auf der linken Seite des Chores sind einige Apostel dargestellt. Einige Malereien sind zerstört, erkennbar sind aber noch Petrus ganz links sowie Paulus und Johannes der Täufer ganz rechts. Auf der gegenüberliegenden Wand ist der Apostel Johannes abgebildet. Nordöstlich der Kirche liegt die Ruine des Pfarrhofes, der zusammen mit der Kirche im 14. Jahrhundert errichtet worden war.

Freilichtmuseum

Das Freilichtmuseum von Bunge ist **eines der größten Schwedens.** Es wurde 1908 gegründet, als der örtliche Volksschullehrer einige historische Gebäude, die abgerissen wurden, hierher „verpflanzen" ließ. Beim Spaziergang durch die **drei großen Bauernhöfe** aus dem 17., 18. und 19. Jahrhundert kann man sehen, wie sich die Lebensbedingungen im Laufe der Zeit verändert haben. Achten Sie einmal auf die bemalten Fenster im Bauernhof Lunderhage aus dem 17. Jahrhundert.

Damals war es Tradition, dass die Gäste zur Einweihungsfeier Glasmalereien als Geschenk mitbrachten, die dann in das vorbereitete Bleigitter eingesetzt wurden. Wenn Sie nach dem Rundgang durch das Freilichtmuseum vor der Weiterfahrt eine kleine Stärkung zu sich nehmen oder das Gesehene verarbeiten wollen, bietet sich das kleine **Museumscafé** für eine Pause an.

Infos

- **Öffnungszeiten:** 15.5. bis 30.6. und 10.7. bis 24.8. von 11.00–17.00 Uhr, 1.7. bis 9.8. von 11.00–18.30 Uhr, 25.8. bis 6.9. von 11.00–16 Uhr.
- **Eintritt:** 80 SEK
- Tel. (0498) 221018, Internet: www.bungemuseet.se

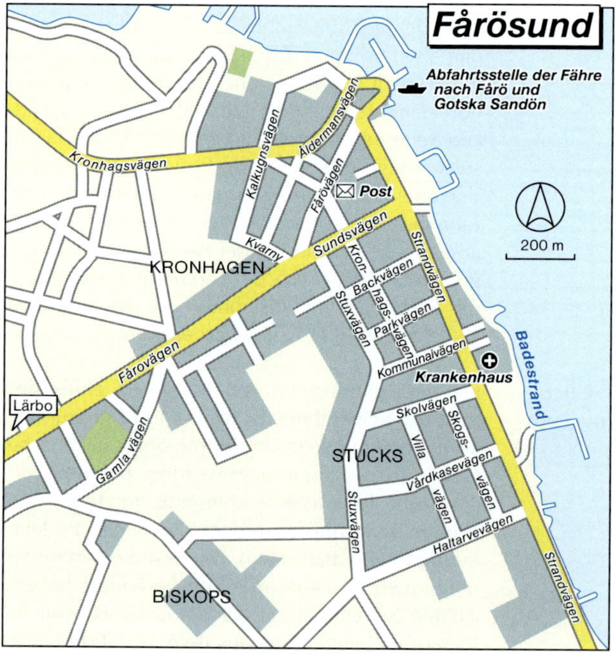

Fårösund

Fårösund liegt sehr schön **an der gleichnamigen Wasserstraße, die Gotland von Fårö trennt.** Eigentliche Sehenswürdigkeiten gibt es hier aber keine; die meisten Besucher sehen nur die Anlegestelle, von der aus die **kostenlosen Autofähren nach Fårö** ablegen.

Fähren

- **Abfahrtszeiten** der Fähre Richtung Fårö von 4.30–23.00 Uhr halbstündlich jeweils zur vollen und halben Stunde, von 24.00–4.00 Uhr jeweils zur vollen Stunde nach Anmeldung entweder direkt beim Fährpersonal oder telefonisch unter (0498) 2210462.

Übernachtung

- **Kustparken Hotell & Vandrarhem**
Tel. (0498) 221449; buchbar auch über Gotlands Resor unter Tel. (0498) 201260. Einfache, jugendherbergsähnliche Unterkunft, DZ je nach Saison 490–720 SEK, Übernachtung in 4- bzw. 6-Bett-Zimmer 170 SEK/Pers. Schwimmbad in unmittelbarer Nachbarschaft.
- **Fårösunds Marina Hotell**
Strandvägen 6–7, Tel. (0498) 221662. Einfaches, sauberes Hotel mit 15 Zimmern 200 Meter vom Meer entfernt.
- **Fårösunds Stugor & Båtar**
Strandvägen 80, Tel. (0498) 221694, Fax (0498) 221274, Hüttenvermietung.

Fårö

Berühmte Gäste

Fårö gehört verwaltungstechnisch zwar zu Gotland, doch trotzdem betritt man nach der kurzen Fährüberfahrt eine **ganz andere Welt.** Die Natur verändert sich, die Menschen ebenso, und sogar die Sprache ist nicht die gleiche, denn hier spricht man einen anderen Dialekt als auf der gotländischen Hauptinsel. Fårö war schon immer ein beliebtes Ferienziel der Schweden; *Olof Palme* beispielsweise verbrachte hier seine Ferien, *Ingmar Bergman* hatte sich auf seine alten Tage hierher zurückgezogen. Filmfreunde aufgepasst: Jedes Jahr im Juni findet auf Fårö die **Bergman-Woche** statt. Lange Jahre konnten Ausländer das militäri-

Kinokönig auf Gotland

Fast jeder Schwede wusste, dass **Ingmar Bergman** auf Gotland lebte. Dort gesehen haben ihn aber nur die wenigsten. *Bergman,* einer der wohl berühmtesten Regisseure unserer Zeit verbachte seine letzten Jahrzehnte auf Fårö, einer kleinen Insel vor der Nordküste Gotlands. Dorthin hatte er sich zurückgezogen, um der Hektik der Filmwelt zu entkommen und um in aller Ruhe an seinen Filmen arbeiten zu können. Fårö wurden immer mehr auch zur Hauptdarstellerin in seinen Filmen. Denn viele Szenen wurden hier gedreht – oft nur einen Steinwurf von *Bergmans* Haus entfernt.

Interviews gab er in seinen letzten Lebensjahren nur noch selten. Ohnehin war sein Verhältnis zu seiner schwedischen Heimat schwierig geworden, seit er Mitte der 1970er Jahre unter dem Verdacht der Steuerhinterzeihung festgenommen worden war.

Auf Fårö entstand 2003 auch Bergmans letzter Film: „Sarabande", die Fortsetzung des 30 Jahre vorher entstanden Films „Szenen einer Ehe". Vier Jahre nach Abschluss der Dreharbeiten starb *Bergman* am 30.7. 2007 auf der von ihm so geliebten Insel, und dort liegt er auch begraben. Gotland ehrt den Regisseur heute mit einem alljährlichen Festival bei dem Fans viele seiner Filme wiedersehen können.

sche Sperrgebiet nur im Rahmen von Führungen besuchen. Diese Zeiten sind aber vorbei, heute sind auch Touristen aus dem Ausland herzlich willkommen.

Kirche

Nachdem man die Fähre verlassen hat, erreicht man nach wenigen Fahrminuten die Inselkirche. Sie wurde mehrfach umgebaut, so dass ihr mittelalterlicher Charakter kaum noch erkennbar ist. Eine Besonderheit ist die **„Kutatafel"**, eine Votivtafel aus dem Jahr 1618, linker Hand, wenn man den Kirchenraum betritt. Sie wurde der Kirche von dankbaren Seehundjägern geschenkt, die auf einer Eisscholle, die sich gelöst hatte, hilflos im Meer trieben. Da sie aus der scheinbar ausweglosen Lage gerettet wurden, vermachten sie der Kirche die Votivtafel. Auf ihr sieht man in der Mitte die Jäger

got_253 Foto: rk

auf der Eisscholle, rechts die Stadt Visby und auf der linke Seite das Schloss Visborg. Das ist deshalb erwähnenswert, weil es nur sehr wenige Darstellungen des Schlosses gibt. Auf dem Friedhof liegt der 2007 verstorbene Regisseur *Ingmar Bergman* vergraben.

Friggars Krog

Wenig später passiert man Friggars Krog, ein **Restaurant,** in dem man im Sommer ab 17 Uhr ein Abendessen einnehmen kann (siehe unten).

Ulla Hau

Frisch gestärkt geht es weiter zum **Dünenreservat** Ulla Hau. Die ehemalige Wanderdüne ist heute bewachsen und eignet sich gut für Spaziergänge. Im Herbst ist hier der ideale Platz, um Pilze zu sammeln.

Fårös berühmtester Rauk – der „Hund“

Suderstrand

Suderstrand ist **einer der schönsten Strände der Insel.** Sand, so weit das Auge reicht, und viel Platz für alle. Hier verbrachte auch *Olof Palme* seine letzten Ferien, kurz bevor er im Februar 1986 ermordet wurde. Eine Gedenktafel (ausgeschildert „Olof Palmes minnesmärke") erinnert an den ehemaligen schwedischen Ministerpräsidenten.

Den **Leuchtturm von Fårö** darf man zwar nicht besteigen, aber ein Spaziergang um die Nordspitze Gotlands lohnt einen Abstecher hierher. Äußerst malerisch ist der **Strand von Ajesvik.** Die **Raukgebiete von Langhammaren und Digerhuvud** gehören zu den schönsten Gotlands. Auf mehreren Kilometern kann man am Meeresufer die faszinierenden, von der Natur geformten Steinskulpturen bewundern. Auf einem kleinen Fahrweg, der auch ideal zum Fahrradfahren ist, geht es die Küste entlang. Irgendwann tauchen dann die **Fischerhütten von Helgumannen** vor einem auf. Früher war dies ein ganz wichtiges Zentrum der Fischerei. Heute fährt man zwar nicht mehr zum Fischen hinaus, doch die Holzhüttchen am Meer vermitteln noch die Stimmung der alten Zeit – ein traumhafter Platz für ein Picknick. An der **Bucht Lautervik** passiert man den alten **Herrschaftshof Kalkpatrongården,** in dem Ende des 18. Jahrhunderts einer der „Kalkfirmenbesitzer" gewohnt hat.

Lauter

In Lauter wartet **Lauters Café** im Sommer auf Gäste, tgl. 11–18 Uhr. Wenn die Sonne scheint, speist man unter den Bäumen im Garten, und den Meerblick gibt es bei jeder Bestellung gratis dazu.

Gamla Hamn

Fast neben Lauter – und zu Fuß von dort auch zu erreichen – liegt das **Raukgebiet** am Gamla Hamn. Mit dem Auto muss man einen kleinen Bogen um den Franaviksee fahren, so dass man 10 bis 15 Minuten unterwegs ist. Der Gamla Hamn (dt. Alter Hafen) war im Mittelalter ein lebhafter Handelsplatz, heute ist er verlandet, und dem

„Tümpel", der übrig blieb, sieht man seine Vergangenheit als Hafenbecken nicht mehr an. In der Nähe liegen die **Überreste einer** dem Heiligen Olaf geweihten **Kapelle,** auch hier ist die Fantasie wieder gefordert. So auch bei der Interpretation der Formen der Raukfelsen. Welcher der Raukar, die sich aus dem Meer erheben, den Namen „Kaffeetasse" trägt, werden Sie vielleicht selbst herausfinden. Falls nicht, hier eine kleine Hilfestellung: Er wird auch als „Hund" bezeichnet – viel Erfolg bei der Suche!

Übernachtung

- **Sudersands Feriendorf**
Tel. (0498)223536, Internet: www.sudersand.se. Hüttenvermietung, je nach Größe und Jahreszeit zwischen 3250 und 8900 SEK/Woche; auch Jugendherbergsübernachtung, DZ 425 SEK.
- **Eva, Tomas Grafström**
Stora Gåsemora, Tel. (0498)223896. Privatvermietung von zwei Ferienwohnungen, je nach Saison 2500–3000 SEK/Woche.
- **Solhaga Camping**
Tel. (0498)224143. 3-Sterne-Campingplatz, geöffnet vom 1.6. bis 31.8.

got_255 Foto: rk

Restaurant

- **Friggars Krog**
Tel. (0498) 226880. Im Sommer tgl. 12.00–24.00 Uhr, gute Küche, Spezialität des Hauses ist die Fischsuppe; die Lage am Meer (in der Nähe der Kirche) ist sogar noch besser als das Essen. Falls Sie sich schon mal vorab die Speisekarte ansehen oder ein Bild von der Aussicht machen wollen, dann auf ins Internet: www.friggarskrog.se.

Gotska Sandö

Nationalpark

Der Nationalpark Gotska Sandö liegt 38 Kilometer nördlich von Fårö und 95 Kilometer südöstlich vom schwedischen Festland. Wenn man **mit der Fähre** auf die „Gotländische Sandinsel" fährt, weiß man zwar immer, wo man losfährt, aber nie genau, wo man ankommt: Da es auf der Insel keinen Hafen gibt, hängt es von Wind, Wetter und Wasserstand ab, an welchem Strand das Boot anlegt. Bei der Rückreise verfährt man ebenso. Am Morgen des Abreisetages kann man einer Anschlagta-

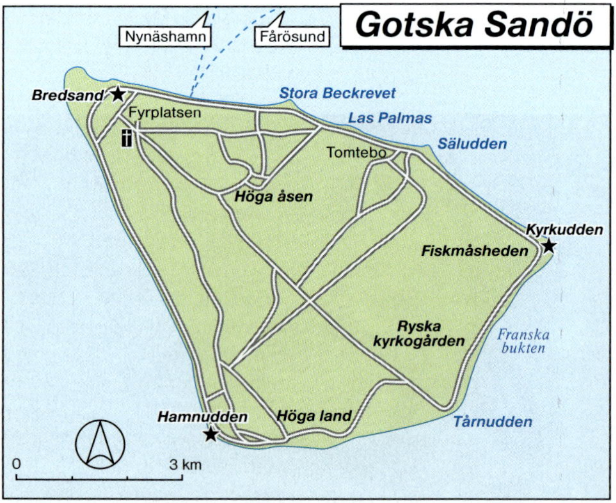

got_257 Foto: rk

fel am „Lagerplatz“ entnehmen, wo das Schiff ablegen soll. Dort geht man also erst mal hin. Allerdings heißt das nicht, dass es dann auch wirklich dort anlanden kann, was schon mal eine kilometerlange Wanderung den Strand entlang bedeuten kann, bis man einen Platz findet, an dem das Boot an- bzw. ablegen kann. Da eine Verlegung meist bei schlechtem Wetter aktuell wird, muss man dann bei Wind und Regen den Strand entlanggehen. Immerhin: Das Gepäck braucht man nicht selbst zu tragen, das wird von einem Traktor zur Ablegestelle gebracht. Schon An- und Abreise sind also ein kleines Abenteuer. **Übernachten** darf man auf der Insel nur am so genannten **„Lagerplats“.** Hier kann man entweder sein eigenes Zelt aufschlagen oder sich ein Bett in einer der Hütten mieten. Kochgelegenheiten gibt es auch, aber zum Einkaufen besteht keine Gelegenheit. Alles, was man auf der Insel essen will, muss man also im Gepäck dabeihaben. Nicht einmal Duschen sind vorhanden, und im Waschraum kommt nur kaltes Wasser aus dem Hahn. Die Gotska Sandö ist also im wahrsten Sinne des Wortes nichts für Warmduscher. Wer hierher kommt, darf **keinerlei Komfort** erwarten. Die ganzen Entbehrungen lohnen sich aber, denn man trifft auf absolut **unberührte Natur.** Die endlos langen Sandstrände und die Sonnenuntergänge sind Legende. Vogelfreunde sollten einen Feldstecher nicht vergessen, denn hier gibt es viel zu sehen. Wenn Sie die Insel umrunden wollen, müssen Sie dafür 9 bis 10 Stunden einrechnen. Auf jeden Fall sollten Sie auch zum **Schipkasset,** dem mit 40 Meter höchsten Punkt der Insel, „hinaufsteigen". Bevor Sie sich aber überhaupt auf den Weg machen, sehen Sie sich unbedingt das **Inselmuseum** an, denn da er-

got_258 Foto: rk

fahren Sie alles, was Sie für Ihren Aufenthalt auf der Insel wissen müssen.

Fähren

Fährverkehr vom 21.5. bis 6.9. Mi, Fr und So; vom 7.7. bis 7.8. zusätzlich auch Di. Da der **Fahrplan** starken Änderungen unterliegen kann und das Boot an manchen Tagen gar nicht fährt, sei dringend angeraten, sich vorab über den aktuellen Fahrplan zu informieren: Tel. (0498) 240450, Internet: www.resestugan.se oder www.gotskasandon.se.

- Nynäshamn ab 8.30 Uhr, Gotska Sandö an/ab 11.45 Uhr, Fårösund an 14.30 Uhr.
- Fårösund ab 15.00 Uhr, Gotska Sandö an/ab 16.45 Uhr, Nynäshamn an 20.45 Uhr.
- **Preise:** Fårösund - Gotska Sandö hin und zurück 795 SEK, Nynäshamn - Gotska Sandö hin und zurück 995 SEK (als Tagestour nur 645 SEK, kann aber erst sieben Tage vor der Fahrt gebucht werden).

Übernachtung

- **Übernachtungspreise:** auf dem Zeltplatz 70 SEK/Pers., 4-Bett-Hütte 650 SEK/Hütte, 2-Bett-Hütte 500 SEK/Hütte. Mietzelt mit zwei Betten: 220 SEK/Zelt.

Historischer Lagerschuppen auf Fårö

got_260 Foto: rk

Das Landesinnere

Zwar konzentrieren sich auf Gotland, wie bei vielen anderen Inseln auch, die meisten Sehenswürdigkeiten auf die Küste, trotzdem aber gibt es auch im Landesinneren einiges zu sehen. Jede einzelne der vielen **Landkirchen** wäre einen Besuch wert.

Hejdeby

Kleine Kirche

Die kleine Kirche von Hejdeby wirkt von außen recht schmucklos. Doch das äußerlich „hässliche Entlein" verwandelt sich im Innern zu einem „ansehnlichen Schwan". Die Wände sind mit **ungewöhnlich schönen und reichhaltigen Wandmalereien** aus dem späten 13. Jahrhundert geschmückt. Über dem Triumphbogen wird die Krönung Mariä dargestellt. Die ursprünglichen Malereien wurden teilweise im 15. Jahrhundert übermalt und durch Darstellungen aus der Leidensgeschichte Jesu ersetzt. An einigen Stellen wurden die alten Bilder aber auch in die neuen Gemälde mit eingefügt. Weiter sehenswert sind das Triumphkruzifix und das Taufbecken, beide aus dem 13. Jahrhundert.

Ekeby

Die Kirche (13. Jahrhundert) in der Nachbargemeinde Ekeby hat ebenfalls schöne Kalkmalereien zu bieten. Schauen Sie sich aber trotzdem einmal die Kirchenbänke genauer an. Na? Entdecken Sie was? Der Baumeister scheint auf Sitzkomfort Wert gelegt zu haben, denn die Bänke waren der Größe der Betenden angepasst und haben für Frauen und Männer unterschiedliche Höhen.

Källunge

Die Kirche von Källunge fällt sofort wegen ihrer eigentümlichen Proportionen auf. Das Langhaus müsste hier richtigerweise Kurzhaus heißen. Es wurde zusammen mit dem kleinen Turm im 12. Jahrhundert im romanischen Stil erbaut. Dann aber wurde im 14. Jahrhundert ein riesiger Chor angefügt, der den Auftakt für eine großen Neubau bilden sollte. Wegen des Däneneinmarsches 1361 kam es aber nie dazu. Im Langhaus finden sich Reste russisch-byzantinischer Kalkmalereien aus dem 13. Jahrhundert. Die Kalkmalereien im Chor zeigen die Leidensgeschichte. Beachtenswert sind weiterhin das Taufbecken aus dem 12. Jahrhundert aus der Werkstatt des Meister *Byzantios* und der Altaraufsatz aus dem 16. Jahrhundert. Letzterer ist eine norddeutsche Arbeit und stand einst im Dom von Visby.

Bara

Einige Kilometer weiter kommt man zur romantischen, hinter Bäumen versteckten Kirchenruine von Bara. Die Kirche, im 13. Jahrhundert erbaut, wurde bereits im 16. Jahrhundert aufgegeben.

Dalhem

Eisenbahn

Dalhem hat seinen wirtschaftlichen Aufschwung vor allem der Eisenbahn zu verdanken, die Anfang des 20. Jahrhunderts Slite und Roma verband und die hier eine wichtige Zwischenstation hatte. Um den Bahnhof herum entwickelte sich ein lebhaftes Handelszentrum, der Ort kam zu großem Wohlstand. In den fünfziger Jahren des 20. Jahrhunderts wurde die Strecke stillgelegt. Trotzdem ist Dalhem immer noch das Zentrum für alle Eisenbahnfreunde. Heute verkehrt nämlich **von Mitte**

Juni bis Mitte August von hier aus eine kleine **Schmalspureisenbahn,** mit der man am Mittwoch, Donnerstag und Samstag eine 20-minütige Fahrt unternehmen kann. Außerdem kann man ein kleines **Eisenbahnmuseum** besichtigen.

Infos

- **Öffnungszeiten:** Mitte Juni bis Mitte August täglich 13.00–16.00 Uhr, Tel. (0498) 38043.

Kirche von Dalhem

Zu Beginn des 20. Jahrhunderts war die Kirche von Dalhem eines der beliebtesten Reiseziele der Insel. Von nah und fern strömten die Menschen herbei, um die „wunderbare" Renovierung, der die Kirche unterzogen wurde, in Augenschein zu nehmen. Unter der Federführung von *Axel Hermann Hägg* wurde sie im Stil der Gotik – bzw. was man damals dafür hielt – modernisiert, und es wurden viele neue Wandbilder angebracht. Aus heutiger Sicht kann man über eine solche „Verschlimmbesserung" nur den Kopf schütteln. Je nach Blickwinkel ist die Kirche aber trotz oder gerade wegen der Renovierung sehenswert. Zum einen sind einige Kalkmalereien aus dem 13. Jahrhundert an der Süd- und Südostwand erhalten, zum anderen hat man hier ein Kirche vor sich, in der man das **Kunstverständnis des beginnenden 20. Jahrhunderts** auf interessante und für uns vielleicht erschreckende Weise kennen lernen kann. Außerdem sind die alten Glasmalereien aus dem Jahr 1240 erhalten und allein schon einen Besuch wert. Zwischen dem Bau der Eisenbahn und der Kirchenrenovierung lässt sich übrigens ein unmittelbarer Zusammenhang herstellen. Dalhem war durch die Bahn zu Wohlstand gekommen, und der sollte nun auch gezeigt werden: Das Geld aus der übervollen Gemeindekasse floss in die „Verschönerung" der Kirche.

Überreste des Klosters von Roma

Roma

Kloster

1164 gründeten **Zisterziensermönche** aus Nydala in Småland in Roma ein Kloster. Ihren Ordensregeln entsprechend, die Bescheidenheit vorschrieben, bauten sie Kirche und Klostergebäude in schlichtem Stil. Das Kloster der fleißigen Mönche entwickelte sich zu einem wichtigen religiösen und wirtschaftlichem Zentrum im Ostseeraum. Während der Reformationszeit wurde das Kloster 1520 säkularisiert, später unter der Dänenherrschaft verfielen sämtliche Gebäude. Und selbst die **Ruinen** wurden schließlich 1730 abgerissen, als der damalige schwedische Landeshauptmann aus den Mauern der Klosteranlage sein Gutshaus errichten ließ. Von der Kirche sind nur spärliche Reste erhalten, denn sie wurde damals als Viehstall benutzt. Einen berühmten Besucher konnte Roma 1741 begrüßen, als *Carl von Linné* auf seiner Gotland-Reise hierher kam und in seinen Aufzeichnungen begeistert die schöne Lage des Klosters inmitten fruchtbarer Äcker vermerkte. Die Kirchenruine, die zu Zeiten seines Besuches bereits als Unterkunft für das Vieh diente, bezeichnet

got_265 Foto: rk

Linné „als schönsten Stall, den man in Schweden sieht". Die Ruinen der romanischen Kirche dienen heute im Sommer als Kulisse für die **Aufführung von Shakespeare-Stücken.** Überhaupt spielt Kunst in Roma eine zentrale Rolle. In dem 1730 erbauten Herrschaftshaus finden wechselnde **Ausstellungen** mit Werken zeitgenössischer nordeuropäischer Künstler statt. Ein kleines **Café** lädt nach dem Ausstellungsrundgang zum gemütlichen Verweilen ein, bei schönem Wetter kann man auch im sonnenbeschienenen Gutshof sitzen.

Einige Kilometer nördlich vom Romakloster liegt die **Dorfkirche** des Ortes aus dem 12. Jahrhundert. Einen kurzen Blick lohnt der ein Jahrhundert jüngere Taufstein.

Glasbläserei

Etwas ganz Besonderes bietet die Glasbläserei **Roma Glasbruk.** Hier kann man nicht nur bei der Glasherstellung zusehen, sondern sie auch in einem Ein- oder Mehrtageskurs selbst erlernen.

Infos

- Wer sich für einen „Glaskurs" interessiert, erhält unter der folgenden Adresse weitere Informationen: **Roma Glasbruk,** 62023 Romakloster, Tel. (0705) 433334, E-Mail: info@romaglasbruk.se, Internet: www.romaglasbruk.se. Öffnungszeiten: Mo bis Fr 11.00–17.00 Uhr, Sa, So 11.00–15.00 Uhr; finden Theatervorstellungen statt, dann auch 18.00–20.00 Uhr.

Atlingbo

Asylkirche

Sicherlich gibt es Kirchen auf Gotland, die schöner sind als die von Atlingbo (13. Jahrhundert), obwohl natürlich auch sie einige Sehenswürdigkeiten zu bieten hat, etwa den Taufstein von Meister *Byzantios* aus dem 12. Jahrhundert. Erwähnt werden soll die Kirche aber deshalb, weil sie schon in der Gota-Sage als Asylkirche erwähnt wurde. Verbrecher, die hierher flüchteten, waren unter den Schutz der Kirche gestellt und vor weltlichem Zugriff geschützt.

Viklau

Madonnen-statue

Die Kirche in der Nachbargemeinde Viklau ist wegen der berühmten Madonnenstatue, der **„Viklau Madonna"**, bekannt. Das Original der Holzskulptur wurde vor einiger Zeit unter dem Protest vieler Gotländer ans Historische Museum in Stockholm verkauft. Heute kann man in der Kirche nur noch eine – immerhin hervorragende – Kopie sehen. Weiter sehenswert sind der Taufstein des Meisters *Hegrwald* und das Triumphkruzifix, beide aus dem 12. Jahrhundert.

Mästerby, Buttle und Änge

Die sehr farbenprächtigen Wandmalereien sind das Markenzeichen der Kirche von Mästerby (13. Jahrhundert). Kalkmalereien kann man auch in der Kirche von Buttle (Chor und Langhaus aus dem 12., Turm aus dem 13. Jahrhundert) bewundern.

Bildsteine

Etwas außerhalb des Ortes stehen **bei Änge** zwei Bildsteine aus der frühen Wikingerzeit, einer davon mit einer Höhe von 3,70 Meter der größte Gotlands. Während der kleinere Stein nie mit einem Relief geschmückt war, kann man am größeren bei sehr genauem Hinsehen noch Schiffs- und Menschendarstellungen entdecken. Experten geben den Rat, in der Dämmerung hierher zu kommen und den Stein dann mit einer Taschenlampe abzuleuchten; dann könne man die Reliefstrukturen besser erkennen. Die Bildsteine von Änge sind auch aus einem ganz trivialen Grund bemerkenswert: Als eine der ganz wenigen in Gotland stehen sie noch auf ihrem Originalplatz.

got_268 Foto: rk

Anhang

Literaturtipps

Allgemeiner Hinweis: Aktuelle deutschsprachige Literatur zu Gotland ist kaum zu finden, deswegen sind die folgenden genannten Bücher entweder schon einig Jahre alt oder aber in Schwedisch abgefasst.

Die mit einem Stern * gekennzeichneten Bücher werden vom Gotländischen Landesmuseum herausgegeben und können unter der folgenden Bezugsadresse bestellt werden: Mellangatan 19, 62156 Visby, Tel. (0498) 292700, Fax (0498) 292729, E-Mail: lansmuseet@gotmus.i.se.

● *Baessler, Ruth* und *Hans-Friedrich*
Gotland. Sonneninsel der Ostsee, 1990. Das einst im Prestel-Verlag erschienene Werk gibt in einer etwas altertümlichen und blumigen Sprache kompetente Auskunft über die Kulturgeschichte der Insel.

● *Berglund, Lena*
Inspiration Gotland, 2003. Ein Buch mit künstlerisch anspruchsvollen Bildern, in dem Cafés, Restaurants und Galerien auf der Insel vorgestellt werden.

● *Bohn, Robert*
Gotland Handbuch, 1989. Ein Gotland-Reiseführer, der nicht mehr aufgelegt wird. Interessant: Wer ihn in der Bücherei noch findet, wird feststellen, wie viel sich auf der Insel in den letzten Jahrzehnten verändert hat.

● *Bohn, Robert*
Das Handelshaus Donner in Visby und der gotländische Außenhandel im 18. Jahrhundert, 1998. Der (umständliche) Titel ist Programm und weist schon darauf hin, dass es sich hier um eine Fachpublikation eines Universitätsdozenten handelt.

● *Bohn, Robert*
Gotland – 1000 Jahre Kultur- und Wirtschaftsgeschichte im Ostseeraum, 1998. Fachpublikation mit auch für den Laien interessanten Inhalten.

● * *Eliason, Sara*
Gotländsk fossil-och geologieguide, 1999 (dt. Fossilien auf Gotland). Das Buch ist ein Muss für Fossiliensammler, für jeden andern verzichtbar.

● * *Falck, Waldemar*
Die Stadtmauer von Visby. Fast 100 Seiten nur über die Mauer von Visby – wer das Buch gelesen hat, weiß wirklich alles über die einzige komplett erhaltene Stadtmauer Nordeuropas.

● *Günter, Egon*
Der Pirat, 1988. Noch zu DDR-Zeiten im Aufbau-Verlag erschienener Roman, der sich mit der Zeit nach der Eroberung der Insel durch den Dänenkönig *Waldemar Atterdag* befasst.
● *Halbert, Britt-Marie*
Linné och hans resor, 2003. Schwedischsprachiges Buch, das sich mit *Linnés* vielen Reisen – unter anderem der nach Gotland – auseinandersetzt.
● *Halfar, Wolfgang*
Gotland – Glück und Unglück einer Insel, 1981. Sehr persönliche Einführung in die Kulturgeschichte der Insel; sicher nicht jedermanns Geschmack.
● *Hoffmann, Hans*
Brigitta von Wisby. Eine Erzählung aus dem vierzehnten Jahrhundert, 1884. Der 1884 erschienene Roman hat die Eroberung Visbys durch die Dänen zum Thema.
● *Kloth, Jens-Henrik* und *Lovén, Ulf*
Gotlands natur. En reseguide, 1987. Nicht mehr ganz aktueller schwedischer Naturreiseführer. Da sich aber in der Natur in den letzten Jahren nur wenig verändert hat, immer noch brauchbar.
● *Lagerlöf, Erland* und *Svahnström, Gunnar*
Die Kirchen Gotlands, 1991. Nicht mehr brandneu, aber für Liebhaber gotländischer Kirchen immer noch sehr nützlicher Führer.
● *Linné, Carl von*
Ölandska och gotländska resan 1741, 1975. Schwedische Neuauflage von *Linnés* Reiseschilderung. Wer Schwedisch spricht und sich für Gotland interessiert, sollte hier unbedingt reinlesen.
● *Jansson, Anna*
Und die Götter schweigen, 2002. Kriminalroman einer auf Gotland geborenen Autorin, der zum Teil auch auf der Insel spielt. Auf Deutsch erhältlich als rororo Taschenbuch.
● *Jansson Anna*
Silverkronan, 2003. Ein weiterer Roman der schwedischen Krimiautorin. Er spielt im sommerlichen Visby, wo während der Zeit des Mittelalterfestivals ein Mord geschieht. Bisher nur auf Schwedisch erschienen.
● * *Jonsson, Marita* und *Lindqvist, Sven-Olof*
Vägen till kulturen på Gotland, 1987 (dt. Kulturführer Gotland). Nicht mehr ganz neu, aber immer noch der Klassiker bzgl. der historischen Sehenswürdigkeiten der Insel.
● * *Jungsted, Mari*
An einem einsamen Ort, 2008. Gorland-Krimi der bekannten Autorin. Eine Studentin wird ermordet, Kommissar Knutas löst den Fall.
● *Stankow, Christian* und *Hejdström, Roland* (Photo)
Gotland – aus eines Vogels Sicht. Luftbildaufnahmen der Insel.

● * *Svensson, Brit*
Visby-Führer. Umfangreicher Stadtführer mit allem Wissenswerten über die Sehenswürdigkeiten der gotländischen Hauptstadt.

● *Wahl, Mats*
Der Strandherr, 2002. Der historische Jugendroman erzählt die Geschichte des letzten Seeräubers der Ostsee und spielt auf der kleinen Insel Gotska Sandö nördlich von Gotland – ein hervorragender Reisebegleiter für Familien mit Kindern.

● *Wennerdahl, Maj*
Gotland (nur schwedisch), 2001. Eine Einführung in die Geschichte, Kultur und Natur der Insel. Teilweise sehr schöne Bilder.

● *Winterfeld-Platen, Leontine von*
Geheimnis von Tordinghus, 1938. Das Erscheinungsjahr verrät schon einiges über die Tendenz, mit der der historische Roman die Streitigkeiten zwischen Mecklenburg und Dänemark um Gotland beleuchtet.

Anhang

Register

HILFE!

Dieses Reisehandbuch ist gespickt mit unzähligen Adressen, Preisen, Tipps und Infos. Nur vor Ort kann überprüft werden, was noch stimmt, was sich verändert hat, ob Preise gestiegen oder gefallen sind, ob ein Hotel, ein Restaurant immer noch empfehlenswert ist oder nicht mehr, ob ein Ziel noch oder jetzt erreichbar ist, ob es eine lohnende Alternative gibt usw.

Unsere Autoren sind zwar stetig unterwegs und versuchen, alle zwei Jahre eine komplette Aktualisierung zu erstellen, aber auf die Mithilfe von Reisenden können sie nicht verzichten.

Darum: Schreiben Sie uns, was sich geändert hat, was besser sein könnte, was gestrichen bzw. ergänzt werden soll. Nur so bleibt dieses Buch immer aktuell und zuverlässig. Wenn sich die Infos direkt auf das Buch beziehen, würde die Seitenangabe uns die Arbeit sehr erleichtern. Gut verwertbare Informationen belohnt der Verlag mit einem Sprechführer Ihrer Wahl aus der über 220 Bände umfassenden Reihe „Kauderwelsch“.

Bitte schreiben Sie an:

REISE KNOW-HOW Verlag Peter Rump GmbH, Pf 14 06 66,
D-33626 Bielefeld, oder per e-mail an: info@reise-know-how.de

Danke!

Der Autor

Rasso Knoller, Jahrgang 1959, ist Journalist und Sachbuchautor. Nach dem Studium der Politikwissenschaften, Anglistik und – natürlich – Skandinavistik, das er teilweise in Stockholm absolvierte, lebte und arbeitete er mehrere Jahre lang in Nordeuropa. Als Journalist beim Finnischen Rundfunk, als Skandinavien-Korrespondent für mehrere deutsche Tageszeitungen und Radiostationen und als freier Mitarbeiter bei Radio Schweden lernte er den gesamten Norden kennen. Nachdem er sowohl in Stockholm, Helsinki als auch Oslo gelebt hatte, kehrte er Mitte der 1990er Jahre nach Deutschland zurück. Seit 1999 lebt er in Berlin, bereist den Norden aber regelmäßig und veröffentlicht auch weiterhin zu skandinavischen Themen. Bisher sind mehr als fünfzig Sachbücher aus seiner Feder erschienen, darunter mehrere Reiseführer über die Länder Nordeuropas. Im Reise Know-How Verlag wurde von ihm bisher das Handbuch Paragliding und der Reiseführer Kopenhagen und die Öresundregion veröffentlicht.

autor Foto: rk